Jessica Preis, 10 Jahre
Speyer (Rheinland-Pfalz)

Katrin Stegemann, 12 Jahre
Neubrandenburg (Mecklenburg-Vorpommern)

Dana Reif, 9 Jahre
Frankfurt/Oder (Brandenburg)

Jessica Till, 13 Jahre
Salach (Baden-Württemberg)

Andrea Bauer, 12 Jahre
Völklingen (Saarland)

Dörte Teichert, 13 Jahre
Wismar (Mecklenburg-Vorpommern)

Verena Schomacker, 12 Jahre
Schwerin (Mecklenburg-Vorpommern)

Bettina Bonetto, 14 Jahre
Osterode/Harz (Niedersachsen)

Katrin Stegemann, 12 Jahre
Neubrandenburg (Mecklenburg-Vorpommern)

Tamara Schneeweiß, 14 Jahre
Köln (Nordrhein-Westfalen)

Silvia Winterberg, 10 Jahre
Wuppertal (Nordrhein-Westfalen)

Alexander Wiegand, 10 Jahre
Kriftel (Hessen)

Björn Mecke Breitenberg, 12 Jahre
Duderstadt (Niedersachsen)

Bianca Hansel, 11 Jahre
Oberspiesheim (Bayern)

Gewalt gegen Kleinere und jüngere Kinder

Ich war mit meinem Fahrrad weg. Dann sah ich, daß vier große Jungen auf mich zukamen. Sie sagten zu mir: „Brilli, wir wollen dich jetzt ver- kloppen. Ich bin dann schnell weggefahren.

Jens Hoffmann, 9 Jahre
Windhausen (Niedersachsen)

Manuela Hein, 14 Jahre
Leipzig (Sachsen)

Gewalt

Kinder schreiben über
Erlebnisse, Ängste, Auswege

Herausgegeben von
Regina Rusch

Eichborn.

Die Deutsche Bibliothek – CIP-Einheitsaufnahme

Gewalt : Kinder schreiben über Erlebnisse, Ängste,
Auswege / Regina Rusch. – Frankfurt am Main :
Eichborn, 1993
ISBN 3-8218-1328-8
NE: Rusch, Regina [Hrsg.]

Die Texte und Bilder sind Beiträge zum 6. METALL-Schreibwettbewerb
»Gewalt überall – Erlebnisse, Ängste, Auswege«.

Umschlagzeichnung: Jessica Freunscht, Wasserburg.
Gesamtherstellung: Union Druckerei, Frankfurt
ISBN 3-8218-1328-8
Verlagsverzeichnis schickt gern:
Eichborn Verlag, Kaiserstraße 66, D-6000 Frankfurt am Main 1.

Inhaltsverzeichnis

Regina Rusch

Mit Gewalt krieg ich den Himmel nicht blau

Kinder schreiben über Gewalt. Über Brutalität, die sie selbst erlebt haben. Über die Angst, die sie dabei empfinden. Über mögliche Wege aus dieser Sackgasse. Die schlimmen Erfahrungen und Ängste, die sich in diesen Aufsätzen widerspiegeln, hinterlassen »ein bedrückendes Gefühl, wieviel Kinder von all diesen Dingen mitbekommen und nicht verarbeiten können«, beschrieb Liselotte Funcke, die langjährige Ausländerbeauftragte der Bundesregierung, ihren Eindruck nach der Lektüre. Wer die Kinderbriefe gelesen hat, versteht vielleicht besser als nach mancher wissenschaftlichen Untersuchung oder Analyse, wo die Wurzeln der zunehmenden Gewaltbereitschaft und Gewalttätigkeit zu finden sind.

Kinder kommen gewöhnlich nur selten selbst zu Wort. Als Noch-nicht-Wähler zählen sie nicht im politischen Leben. Ihre Bedürfnisse werden – nicht nur im Osten – den vermeintlichen Sparzwängen als erstes geopfert. Die Gewerkschaftszeitung METALL hat deshalb seit Jahren Kindern ein Forum eröffnet, auf dem sie ihre Gedanken, Ansichten, Erfahrungen und Wünsche mitteilen können. Die Schreibwettbewerbe der Zeitung sind der Versuch, Kindern Gehör zu verschaffen. Zum einen, um den Verantwortlichen in Staat und Gesellschaft Ohren und Augen zu öffnen. Zum anderen, um den Kindern selbst das Gefühl zu geben, »Du bist wichtig, deine Meinung ist gefragt«. Die elfjährige Nicole, deren Vater von Rowdies zusammengeschlagen wurde, bedankt sich: »Wenn man sich solch schweren Kummer von der Seele schreiben kann, ist man sehr erleichtert.«

Zum sechsten Mal hatte die Redaktion 1992 Kinder zu einem Schreibwettbewerb aufgerufen. »Gewalt überall« lautete das schwierige Thema, zu dem Kinder zwischen acht und vierzehn Jahren sich äußern sollten. Rund 440 Beiträge, überwiegend von Neun- bis Zwölfjährigen gingen daraufhin in der Redaktion ein. Erwartungsgemäß setzten sich viele mit der Gewalt gegen Ausländer, mit Fremdenhaß und »Skins« auseinander. Die furchtbaren Angriffe gegen Asylbewerber in Rostock und anderswo standen den Kindern bedrohlich vor Augen. Die Morde in Mölln waren zum Zeitpunkt der Ausschreibung weder geschehen noch denkbar – sonst wären noch mehr Beiträge von der tiefsitzenden Angst vor solchen Greueltaten geprägt gewesen.

Wie gehen Kinder mit dieser Angst um? Vor allem die Mädchen (aber nicht nur sie) haben das auf eine bestimmte Weise versucht: Sie haben sich Geschichten ausgedacht, in denen sie sich in die Rolle von Kindern hineinversetzen, die diskriminiert und gequält werden. Ausführlich schildern sie deren Gefühle und drücken dadurch ihre eigene Abscheu aus. Die Beteiligung der Mädchen lag mit 64 Prozent weit über der von Jungen.

Mehr als die Hälfte der Beiträge kam aus den neuen Bundesländern. »Bei uns hat sich viel verändert, aber nicht so, wie ich es mir vorgestellt hatte«, schreibt der zwölfjährige Kai aus Sachsen. In der »Neubau-Beton-Siedlung«, in der er wohnt, gibt es »nichts zum Spielen oder sonstwas für die Freizeit, was kein Geld kostet. Die Leute haben alle eine Wut und lassen sie an uns Kindern aus.« Und dann fügt er hinzu: »Wenn ich ein Hund wäre, würden bestimmt alle netter zu mir sein.«

Ähnlich verzweifelt wie er hatten sich Kinder aus der ehemaligen DDR schon ein Jahr zuvor geäußert. Im fünften Schreibwettbewerb »Plötzlich ist alles ganz anders« (1991), dessen Ergebnisse als gleichnamiges Buch bei Eichborn vorliegen, haben Kinder geschrieben, was die schlagartige Veränderung durch die Wende und die Wiedervereinigung für sie bedeutete. Der Verlust sämtlicher bisher gültiger Wertvorstellungen und auch Lebensumstände hatte zu Hoffnungslosigkeit, Resignation und einer dramatischen Orientierungslosigkeit bei den jungen Menschen geführt.

Doch der Hilferuf – und als solchen kann man die damaligen Kinderbriefe bezeichnen – ist nicht ernstgenommen worden. Die Medienwirkung war zwar überwältigend, aber sie blieb ohne Folgen bei den Bonner Politikmachern. Schon einmal hatten Kinder um Hilfe gerufen. Das war vor fünf Jahren, als sie ihre Gedanken zum Thema »Meine Zukunft« (1988) aufschrieben. Das Bild, das sie sich von der künftigen Welt machten (und machen), ist geprägt von Umweltzerstörung, Massenarbeitslosigkeit, atomarer Bedrohung, Kriegsangst und düsteren Visionen eines phantasie- und lieblosen Lebens. Die Reaktion der Politiker darauf war, bis auf Ausnahmen, gleichgültig, dürftig und ignorant. Sie waren von METALL gefragt worden, was sie tun würden, um den Kindern die Angst zu nehmen.

Die durchgängige Aussage der regierenden Politiker läßt sich in der Antwort von Bundesumweltminister Klaus Töpfer zusammenfassen. Er meinte, die Kinder seien nichts weiter als fehlinformiert, und »wir Erwachsenen« müßten »uns fragen, warum die Kinder so absolut unrealistische Schreckensvisionen von ihrer Zukunft entwickeln. Die Arbeiten der Bundesregierung für eine lebenswerte Umwelt lassen eine solche Schlußfolgerung nicht zu.«

So einfach ist das. Bloß nicht hinhören. Bloß nicht wahrnehmen, was in den Kindern vorgeht, was mit ihnen passiert. Doch die Rechnung ist nicht aufgegangen. Die Vernachlässigung der Kinder in allen Bereichen hat furchtbare Auswirkungen. Hünxe, Hoyerswerda, Rostock, Mölln und die vielen anderen Anschläge gegen Asylbewerber und Ausländer sind nur die schreckliche Spitze des Eisbergs. Die Gewalt ist längst vorgedrungen in die Kinderzimmer, die Klassenräume, auf die Spielplätze und Straßen. Die Kinderbriefe belegen das.

Wer Angst vor Gewalt hat, verhält sich anders, als er möchte. Mehrere Kinder haben Erlebnisse erzählt, in denen sie zusehen mußten, wie ein anderes Kind verprügelt wurde. Sie trauten sich nicht, einzugreifen, obwohl sie gern geholfen hätten, und waren deshalb um so unglücklicher.

Nur wenige Kinder geben ihre eigene Gewaltbereitschaft, in begründeten Notfällen, wie sie betonen, zu. Kinder mögen sich lieber positiv darstellen. Sie wollen nicht zu denen gehören, die sie selbst als unmenschlich bezeichnen. Ein einziges Kind (von 440) schrieb offen, daß sie zwar nichts gegen die Ausländer habe, »die nur für kurze Zeit hierbleiben. Aber die, die klauen und unsere Sitten verletzen, die können sie ruhig rausprügeln«. In diesem Zusammenhang warnte der Bielefelder Jugendforscher Professor Wilhelm Heitmeyer, der ebenso wie Liselotte Funcke der Jury dieses Wettbewerbs angehörte, vor dem »simplen Muster – hier die Barbaren, dort die Gewaltlosen«. Das stimme vorn und hinten nicht. Gewalt sei keine persönliche Eigenschaft. »Sie entsteht nicht so sehr aus großen Katastrophen, sondern viel häufiger aus der Normalität des Alltags«.

Die Gewalt im Alltag haben die Kinder sehr genau geschildert. In der Schule, im Straßenverkehr, in Fernsehfilmen und Videos, aber auch in der Familie und bei Freunden. Gewalt im Krieg, Gewalt gegen Ausländer, Behinderte, Schwächere, gegen Tiere und gegen die Natur. Die Zerstörung der Umwelt empfinden sehr viele Kinder als äußerst bedrohliche Form von Gewalt, der gegenüber sie sich hilflos und ohnmächtig fühlen. Vor fünf Jahren war trotz aller Ängste noch mehr Zuversicht vorhanden. Wenn die Politiker und Verantwortlichen erkannt haben, was zu tun ist, werden sie handeln, dann können wir es schaffen, war damals die Hoffnung der Kinder.

Doch die Politiker haben nicht gehandelt. Vielmehr haben sie die zunehmende Gewalt und den Ausländerhaß mit angeheizt durch die menschenverachtende Asyldebatte und die Tatenlosigkeit bei allen wichtigen Fragen der Sozial-, Bildungs-, Ausländer-, Umweltpolitik – die Liste läßt sich fortführen.

»Was man gegen Ausländerhaß unternehmen kann, kann ein Kind nicht entscheiden«, schreibt die 12jährige Yildiz, »denn bis jetzt ist nichts von dem geschehen, was Kinder sich gewünscht haben, zum Beispiel bei der Umwelt, bei Spielplätzen und so weiter.« So schlicht läßt sich die selbstverursachte Unglaubwürdigkeit oder auch Politikverdrossenheit ausdrücken. So genau registrieren Kinder.

»Der Himmel scheint mir manchmal nicht mehr so richtig blau, weil sich die Gewalt in den dunkelsten Farben breitmacht«, schreibt die 13jährige Songül aus Duisburg. Was sie als ein Bild benutzt, scheint den Regierenden in unserem Land bare Münze zu sein: Sie tun so, als sei die Gewalt in all ihren furchtbaren Erscheinungsformen vom Himmel gefallen. Einfach so. Ganz plötzlich. Als sei sie nicht Folge einer jahrelangen Entwicklung, die sich nur mit negativen Begriffen beschreiben läßt. Sozialabbau, Arbeitslosigkeit, Wohnungsnot, familienfeindliche

Arbeitszeiten, Konkurrenzdruck, fehlende Freizeiteinrichtungen und Betreuungsplätze, Umweltzerstörung, Krieg, Ausbeutung der Dritten Welt und atomare Bedrohung. Alles Auswirkungen bewußter und gewollter politischer Entscheidungen. Hinzu kommt ein Klima der Gleichgültigkeit, Beziehungslosigkeit und Lieblosigkeit, das zunehmend in der Schule, im öffentlichen Leben, aber auch in der Familie den Umgang miteinander bestimmt.

Wer meint, das sei zu dick aufgetragen, irrt. Kinder haben andere Maßstäbe als routinierte Politiker und Technokraten. Sie können nicht verstehen, daß ein als schädlich erkanntes Produkt (wie zum Beispiel FCKW) nicht kurzerhand verboten und sofort aus dem Verkehr gezogen wird. Sie können auch nicht nachvollziehen, daß Menschlichkeit gepredigt und Diskriminierung von Minderheiten betrieben wird. Und warten können sie in vielen Fällen schon gar nicht: Den Kindergartenplatz, den Spielplatz brauchen sie sofort – nicht erst, wenn sie schon in die Lehre gehen.

»Gewalt entsteht durch Mißerfolg, zu wenig Zuwendung, Nichtanerkennen, Angst oder Zorn«, versucht der 13jährige Leslie im Begleitbrief seiner Geschichte die Ursachen zu erklären und auch Lösungsmöglichkeiten zu zeigen: »Man sollte sich mit den Betroffenen an einen Tisch setzen und darüber sprechen. Auch die Politiker haben zumindest am Weitergehen der Gewalt Schuld. Sie sollten sich mehr um die Jugend von heute kümmern.«

Er ist nicht der einzige, der solche konkreten Vorschläge macht. Viele Kinder fordern dasselbe, wie die zehnjährige Janita: »Eigentlich könnten die Erwachsenen ja auch Freizeiteinrichtungen oder schöne neue Spielplätze bauen, damit die Kinder nicht immer auf der Straße hocken und Bürger belästigen.«

Natürlich ist ein neuer Spielplatz keine Patentlösung. Auch ein Jugendhaus nicht, auch nicht kleinere Klassen, ausreichender Wohnraum, gesicherte Familieneinkommen, Verkehrsberuhigung, Umweltschutz. Aber alles zusammen? Alles zusammen heißt, daß Kinder in politischen Entscheidungen vorkommen, daß sie mit ihren besonderen Bedürfnissen ernstgenommen werden, daß sie in unserem Land etwas bedeuten. Wenn sie immer nur erfahren, daß ihre Interessen hintenangestellt werden – oft auch in den eigenen Familien – müssen sie ihre

Bedeutsamkeit eben anders beweisen ... Die Heimatlosigkeit und Desorientierung der Kinder und Jugendlichen und damit auch die Gewaltbereitschaft und die Anfälligkeit für rechtsradikale Parolen läßt sich nicht beseitigen und aus der Welt schaffen mit dem Ruf nach Disziplinierung, nach Polizei und Staatsanwaltschaft. Das hieße, das Pferd am Schwanz aufzäumen. Ganz vorn muß begonnen werden, aber ganz radikal und sehr schnell. »Ich glaube trotzdem noch an das Schöne und an den blauen Himmel, auch wenn er grau ist«, schreibt Songül und ahnt, daß sie viel Geduld haben muß, denn »mit Gewalt krieg ich den Himmel nicht blau.«

Vielleicht hilft diese Dokumentation, die Köpfe der Politiker für die Kinder zu öffnen. Aber auch für Begriffe wie Glaubwürdigkeit, Verantwortung und – Liebe.

1. KAPITEL

Was ich dann sah, vergesse ich nicht so leicht wieder

Viele Kinder haben eigene Erlebnisse erzählt – nicht nur von Rangeleien, wie sie schon immer unter Kindern vorkamen, sondern von harten Auseinandersetzungen oder beängstigenden Vorfällen, bei denen sie Augenzeuge oder gar selbst betroffen waren. Über Gewalt gegen Asylbewerber wurde am häufigsten, aber nicht ausschließlich geschrieben. Kinder erleben Gewalt auch in der Familie, in der Schule, ihrer Wohnumgebung und in der Politik.

Die Skinheads schlugen alles kaputt

Ich war mit meiner Familie am Nachmittag am Kulkwitzer See spazieren. Wir waren am Schiff ein Eis essen. Da kam eine Horde Skinheads. Sie stellten sich auf die Tische und Stühle, die dort aufgestellt waren. Einiges ging zu Bruch.

Am Schiff war ein Mann mit einem Keyboard. Er spielte einige Lieder. Die Skinheads johlten mit. Nach einer Weile verschwanden sie um eine Ecke.

Einige Minuten später gingen wir auch weg, in die gleiche Richtung. Das, was ich dann sah, vergesse ich nicht so leicht wieder. Die Skinheads schlugen mit Eisenstangen und Holzlatten auf die Stände der Verkäufer ein. Die Verkäufer waren fast alle Vietnamesen. Ihre Lieferwagen waren total kaputt. Die Fenster waren eingeschlagen und die Seiten verdellt. Unter den Verkäufern war auch eine Deutsche. Sie rief mit Tränen in den Augen: »Was steht ihr da so rum. Fällt euch nichts besseres ein, als zuzuglotzen?« Nach einiger Zeit kam ein Krankenwagen für die verletzten Verkäufer.

Ich finde es nicht gut, daß so viel Gewalt angewendet wird. Es ist nicht in Ordnung, daß friedliche Asylanten, beziehungsweise Ausländer immer angegriffen werden, obwohl sie gar nichts getan haben.

Susanne Braun, 10 Jahre
Leipzig (Sachsen)

Ich habe geschrien und geweint

Ich war voriges Jahr im Ferienlager in Bremsdorf. Dort war es sehr schön. Meine Chorfreundin Claudia war auch da. Wir haben herrliche Tage verlebt, sind Schwimmen gegangen und ich habe Schwimmen gelernt. Doch eines Nachts wurden wir geweckt. Es war etwa 23 Uhr. Uns wurde gesagt, daß wir jetzt eine Nachtwanderung machen. Als wir alle fertig angezogen waren, war es bereits 24 Uhr. Dann gingen wir los. Vorher hatte ich aber geweint und gesagt, daß ich nicht mit möchte. Die Betreuer haben jedesmal »NEIN!« gesagt. Das fand ich sehr gemein. Ich hatte große Angst. Meine Chorfreundin Claudia fand das genauso. Dann gingen wir los, rein in den Wald. Wir liefen etwa zwei Minuten und die ganze Zeit weinte ich.
Jetzt blitzte ein Licht auf.

Alle schrien auf, denn an dem Baum, der angeleuchtet war, hingen zwei Seile und daran hielten sich zwei Betreuer fest. Es sah so aus, als wären sie aufgehängt. Ich habe so geschrien und geweint, daß ein netter Betreuer mich zurück ins Lager gebracht hat. Das ist für mich Gewalt: Wenn ich gezwungen werde, etwas zu tun, was ich nicht will.

Dana Reif, 9 Jahre
Frankfurt/Oder (Brandenburg)
(siehe Bild Seite 3)

Wenn die Sonne durch das Fenster scheint

In unserem Treppenhaus ist ein Bleiglasfenster. Darauf kann man zwei Pfauen sehen. Sie sitzen auf einer Vase, in der viele bunte Blumen sind. Drumherum leuchten weitere bunte Glasscherben in den schönsten Farben. Wenn die Sonne durch das Fenster scheint, sieht es am schönsten aus.

Eine alte Nachbarin hat mir von früher erzählt. Im Krieg haben die Leute das Fenster herausgenommen und gut verpackt in den Keller gelegt. Es sollte nicht von einer Bombe getroffen werden. In den letzten Sommerferien fuhren wir für einige Tage in den Urlaub. Als wir zurückkamen, entdeckten wir ein großes Loch im Fenster. Wie konnte das nur passiert sein? Nach ein paar Tagen erfuhr ich von der alten Frau, daß es junge Männer gewesen waren. Sie waren betrunken und haben dann das Fenster mit einer dicken Keule eingeschlagen. Warum können sie das nur getan haben?

Kornelia Rausch, 8 Jahre
Leipzig (Sachsen)

Was schreibe ich nur?

Am Sonntag fuhr ich mit meinem Opi nach Berlin. Ich erzählte ihm, daß ich einen Aufsatz über Gewalt schreiben sollte. »Was schreibe ich nur?« fragte ich Opi.

Opi erzählte mir, daß vor kurzem vor seinem Haus zwei Kinder von einer Gruppe Jugendlicher so lange geschlagen und getreten wurden, bis sie blutend auf der Straße lagen. Die Jugendlichen wären dann schreiend weitergezogen.

»Hm«, meinte ich und schaltete das Autoradio ein. Die Nachrichtensprecherin berichtete von einem Anschlag auf das Ausländerheim in Königswusterhausen.

»Oh je«, meinte ich, »das ist ja ganz in unserer Nähe.« Nachdenklich schaute ich aus dem Autofenster. Wir fuhren gerade an einem Wartehäuschen vorbei, an dem alle Scheiben eingeschlagen waren.

»Wer macht denn sowas?« fragte ich Opi. Als wir schließlich vor Opis Haus ausstiegen, bemerkte ich neben dem Hauseingang ein Telefonhäuschen mit eingeschlagenen Scheiben und herabhängendem Hörer. Wir erzählten Omi, was wir gesehen und gehört hatten. Omi sagte traurig: »Ja, das machen manchmal Kinder, die nur ein bißchen älter sind als du.«

Ich überlegte, ob ich sowas auch tun könnte. So einen Stein gegen eine Scheibe werfen, bis es kracht! Das macht vielleicht Spaß – aber wie sieht es dann aus! Und wieviel kostet so eine Scheibe! Das weiß man doch! Das müssen wohl Kinder sein, die gar nicht nachdenken. Darüber einen Aufsatz zu schreiben, macht überhaupt keinen Spaß.

Friederieke Rolle, 10 Jahre
Wildau (Brandenburg)

Der Weg ist gefährlich

Gewalt ist sehr schlimm. Ich habe es schon einmal erlebt. Bei uns ist ein Weg, der kürzt einen längeren Weg ab. Aber er ist gefährlich. Ich bin einmal da durchgegangen, weil ich es eilig hatte. Plötzlich war ein Mann gekommen. Dann ist er wieder weggerannt. Nach ein paar Sekunden ist er wiedergekommen. Ich habe gar nicht mehr gewußt, was los war. Es hatte so ausgesehen, als ob er mich was fragen wollte. Plötzlich schlug er mir an den Arm, nahm meine Uhr und lief weg.

Patrick Vitt, 10 Jahre
Hanweiler (Saarland)

Von morgens bis abends

Ich erinnere mich noch genau an den Samstag vor zwei Wochen. Es war ein Tag, an dem mir nur Gewalt begegnete. »Ich bin extra früh aufgestanden, um Brötchen zu holen«, sagte ich stolz zu meiner Schwester. Aber sie antwortete gereizt: »Toll für dich!« Wütend verließ ich das Haus und ging Richtung Bäcker. Da fiel mir auf, daß viele Leute um einen Stand standen. Neugierig ging ich näher. Da sah ich es. Es war ein Pelzverkäufer. Ich dachte an die Tiere, die einen qualvollen Tod erleiden müssen, nur damit Frauen so einen »todschicken« Mantel tragen können.

Endlich war ich beim Bäcker angelangt. Als ich wieder rausging, sah ich eine Gruppe Jugendlicher, die den rechten Arm schräg nach oben streckten. Ich wußte, daß das der Hitler-Gruß ist und ging schnell nach Hause. Nach dem Frühstück setzte ich mich in mein Zimmer und blätterte die Zeitung durch. Die Überschriften hörten sich so an: »Massenkarambolage – 30 Tote« und »Zweijähriges Mädchen mißbraucht und erstochen« und »Mann erschoß seine Frau und stürzte sich aus dem Fenster«.

Nachmittags fuhren wir zu dem Container in der Nähe, in dem Asylbewerber »wohnen«. Als wir ankamen, nahmen einige Beamte die Per-

sonalien der Ausländer auf. Ein jugoslawischer Flüchtling verstand die Beamten nicht. Da fragte der barsch:»Wo kommst du her? Wie heißt du?« Am Abend schließlich schreckte mich Sirenengeheul auf. Ich schaute aus dem Fenster. Auf der Straße lag ein gekrümmter Mann, umgeben von mitleidlosen Schaulustigen.
Ja, das war ein »spannender« Tag ...

Georgete Bogalho, 12 Jahre
Kerpen 3 (Nordrhein-Westfalen)

Ich heulte vor Verzweiflung

Als ich eines Tages von der Schule nach Hause kam, sah ich ein schwarzhaariges Mädchen, eine Ausländerin. Sie guckte mich mit großen, dunklen Augen an. Mir war ein bißchen mulmig, doch ich ließ mir nichts anmerken und ging weiter. In den nächsten Tagen sah ich sie noch oft, aber wir redeten nicht miteinander. Ich erfuhr später, daß sie neu hier eingezogen war. Sie kam aus Jugoslawien.

Eines Tages, als ich wieder aus der Schule kam, sah ich drei Jungen, die ungefähr zwölf bis vierzehn Jahre alt sein mochten. Vor ihnen lief das Mädchen aus Jugoslawien. Einige Minuten später stürzten sich die Jungen mit Gebrüll auf sie und schlugen auf sie ein.

Ich war richtig erschrocken, als ich das sah. Ich wollte dem Mädchen gern helfen, doch wenn ich dazwischen gegangen wäre, hätte ich bestimmt auch Schläge bekommen. Es gab auch keinen Erwachsenen in der Nähe. Während die Jungen das Mädchen verprügelten, schimpften sie: »Ausländer raus! Wir haben schon keinen Platz mehr. Nur wegen euch können wir nicht mehr in die Turnhalle!«

Als ich sah, daß das Mädchen im Gesicht blutete, faßte ich mir ein Herz und ging mit großer Angst auf die Jungen zu. Ich weiß nicht mehr, was ich alles sagte und tat. Jedenfalls prügelte ich mit geballten Fäusten auf die Jungen und heulte vor Verzweiflung, sie mögen endlich das Mädchen in Ruhe lassen. Nach geraumer Zeit taten sie dies wirklich und verschwanden. Endlich kam ich zur Besinnung. Der Kopf tat mir schrecklich weh. Meine Jacke war zerrissen. Der Ranzen lag im Dreck. Meine Nase blutete. Aber ich war heilfroh, daß die Jungen weg waren.

Das Mädchen weinte leise vor sich hin und sah fürchterlich zugerichtet aus. Ich fragte sie, wo sie wohnte. Sie antwortete: »Dahinten in der Turnhalle.« Ich nahm ihre Hand und brachte sie dahin. Unterwegs tröstete ich sie so gut, wie ich es konnte. Sie schwieg jedoch und weinte. Als wir vor der Turnhalle standen und die Tür öffneten, hörte ich Stimmen, die ich noch nie gehört hatte. Viele Menschen, große und kleine, liefen hin und her.

Das Mädchen zog mich hinter sich her, bis wir zu einer kleinen, mit Wolldecken abgeschotteten Ecke in der Halle kamen. Plötzlich begann dieses Mädchen schnell und aufgeregt in ihrer Muttersprache mit einer alten Frau zu sprechen. Es muß wohl ihre Mutter gewesen sein. Ich wollte aus der Halle laufen.

Schrecklich, wie die Menschen dort zusammengepfercht waren. Keiner hatte eine ruhige Ecke. Jemand brüllte, ein anderer weinte. Ich wollte nur noch nach Hause. Irgendwann klopfte mir die Mutter lächelnd auf die Schulter. Das Mädchen brachte mich zum Ausgang. Ich war so froh, wieder an der frischen Luft zu sein, daß ich ihr nicht einmal Auf Wiedersehen sagte.

Ich lief so schnell ich konnte nach Hause. Meine Mutter rief entsetzt: »Wie siehst du denn aus? Was ist denn mit deiner Jacke los? Wieso kommst du so spät?« Ich mußte erstmal Luft holen und erzählte ihr dann alles, was geschehen war.

Meine Mutter war ganz erschrocken. Sie nahm mich in den Arm und sagte: »Das hast du richtig gemacht.« Während des Mittagessens überlegten wir beide, wie wir mit diesem Problem in Zukunft umgehen wollten.

Später haben wir das Mädchen eingeladen und sie erzählte uns von ihrer Heimat. Ich habe mich mit meiner Mutter noch lange über Ausländerhaß unterhalten. Dieses Erlebnis werde ich wohl mein Leben lang nicht vergessen. Immer, wenn ich im Fernsehen Berichte über

Gewalt gegen Ausländer sehe, dann habe ich Angst, was in Zukunft noch alles passieren wird.

Ich für meinen Teil werde keinen Haß gegen Ausländer haben. Denn wer weiß, was sie alles erleben mußten! Und schließlich sind sie Menschen, die wir achten sollten.

Stephanie Dietrich, 11 Jahre
Achternmeer-Wardenburg (Niedersachsen)

Die Leute lassen die Wut an den Kindern aus

Bei uns hat sich viel verändert, aber nicht so, wie ich es mir vorgestellt habe. Wir wohnen in einer Neubau-Beton-Siedlung, genannt Ghetto. Die Kinder hänseln uns und nennen uns Ghetto-Ossis, weil wir in so einem Haus wohnen. Früher hatten wir wenigstens einen Spielplatz, doch der wurde von den Erwachsenen abgebaut. Jetzt ist nur noch ein Schlammloch da. Wir haben nichts zum Spielen oder sonstwas für die Freizeit, was *kein* Geld kostet.

Wenn man sich im Freien vor dem Haus aufhält, wird man von den Leuten ausgeschimpft, obwohl man gar nichts gemacht hat. Die Leute haben alle eine Wut und lassen sie an uns Kindern aus. Wenn ich ein Hund wäre, würden bestimmt alle nett zu mir sein!

Manchmal habe ich richtige Angst, wenn ich die Treppe hochgehe oder das Fahrrad in den Keller schaffe. Einer schimpft immer. Wenn etwas war – immer soll ich es gewesen sein. Da ich mit meiner Mutti allein bin, muß ich mir viel schlechtes anhören. Meine Mutti ist lieb zu mir und wir haben auch eine schöne Wohnung, auch wenn wir nicht so viel Geld haben. Nun hat Mutti aber keine Arbeit mehr. Sie hat sich schon ein paarmal beworben, aber es hat nicht geklappt.
Das ist meine Geschichte über Gewalt, wie ich sie fühle.

Kai, 12 Jahre
Sachsen

Viele Jugendliche sammeln sich aus ganz Wildau im Neubaugebiet. Sie setzen sich auf die Treppen vor den Türen und rauchen, daß es schrecklich stinkt. Sie rufen einander Ausdrücke, auch zu Kindern. Sie spucken einen an, wenn man vorbei geht und werfen mit noch glühenden Zigarettenstippen. Abends krakehlen sie laut herum und manche prügeln sich, sogar Mädchen. Wenn ich vom Abendsport komme, sitzen sie manchmal auch vor meiner Tür und ich traue mich nicht nach Hause zugehen. Oft habe ich Glück und die Hintertür ist offen, dann brauche ich nur an ihnen vorbei zu rennen. Ein paar Jugendliche wissen das ich dort wohne wo sie sitzen und lachen mich aus. Aber das ist mir egal, hauptsache ich brauche nicht zwischen ihnendurch zu laufen. Einmal hatte ich Pech, die Hintertür war abgeschlossen. Glück im Unglück, ich hatte auch eine Freundin, und auch ein Junge war nett. Er hatte gesagt sie sollen Platz machen, ein anderer hatte aber gesagt „Warum denn?" Ich war

froh, als die Tür sich hinter mir schloß.
Ein Jugendlicher wohnt in meinem Aufgang und war gerade zu mir immer fies. Sie fahren mit ihren Fahrrädern und bremsen sehr scharf und halten ganz knapp vor einem an. Wenn ich einmal meinen kleinen Bruder nicht weggezogen hätte, wäre er angefahren worden. Ich würde mich freuen, wenn die Jugendlichen, es sind manchmal 10-20 Jugendliche, sich auf dem Feld und nicht in den Neubauten sammeln würden. Oft sehe ich, wie ein Polizeiauto durch die Neubauten fährt. Es fährt an den Jugendlichen einfach vorbei, auch wenn sie sich schlagen. Ich finde das die Polizei manchmal feige ist. Ich dachte immer, die sollen Krawalle verhindern. Zum Glück ist der Hausmeister dagegen das die einer Jugendlichen die Treppe besetzen und schimpft sie aus, manchmal jagt er die Jugendlichen auch weg. Doch 5 Minuten später sitzen sie auf einer anderen Treppe. Dagegen sollt man wirklich was unternehm.

Juliane Homuth, 11 Jahre
Wildau (Brandenburg)

Meine Fahrradkette sprang ab

In der Klasse haben wir einen Russen. Er hat Segelohren. Wir haben ihn immer geärgert, ihn getreten und an den Ohren gezogen, bis er weinte. Im Unterricht sagt er nichts.

Als ich neulich vom Spielen nach Hause fuhr, es war nachts, sprang meine Fahrradkette ab. Allein konnte ich das nicht reparieren. So ging ich auf den Hof des Hauses, das am nächsten war. Ich klingelte. Als jemand aufmachte, erschrak ich: Es war der Vater des russischen Jungen!

Erschrocken sagte ich ihm, was passiert war. Er reparierte alles. Nun ärgere ich den Jungen nicht mehr, sondern spiele mit ihm. Wir sind jetzt schon gute Freunde. Leider verstehen die anderen das nicht und schlagen mich auch. Aber ich versuche, mit ihnen zu reden.

Matthias Kelch, 11 Jahre
Lengede (Nordrhein-Westfalen)

Das Mädchen weinte

Einmal ging ich die Straße entlang, da sah ich in einer Sackgasse acht bis zehn Skins. Sie bedrohten ein Mädchen. Das Mädchen war vielleicht 14 oder 15 Jahre alt. Sie weinte und sah sehr blaß aus.

Ich lief gleich zur nächsten Telefonzelle und rief die Polizei an. Die Polizei versprach, daß sie sofort kommen wollten. Es dauerte nicht mal zehn Minuten, da kam die Polizei und nahm die Skins fest. Dann hörten sie noch das Mädchen an. Hinterher kam das Mädchen auf mich zu und bedankte sich bei mir. Sie erzählte mir, daß sie sehr großes Herzklopfen gehabt hatte. Seitdem sind wir Freunde.

Anja Voß, 11 Jahre
Schwerin (Mecklenburg-Vorpommern)

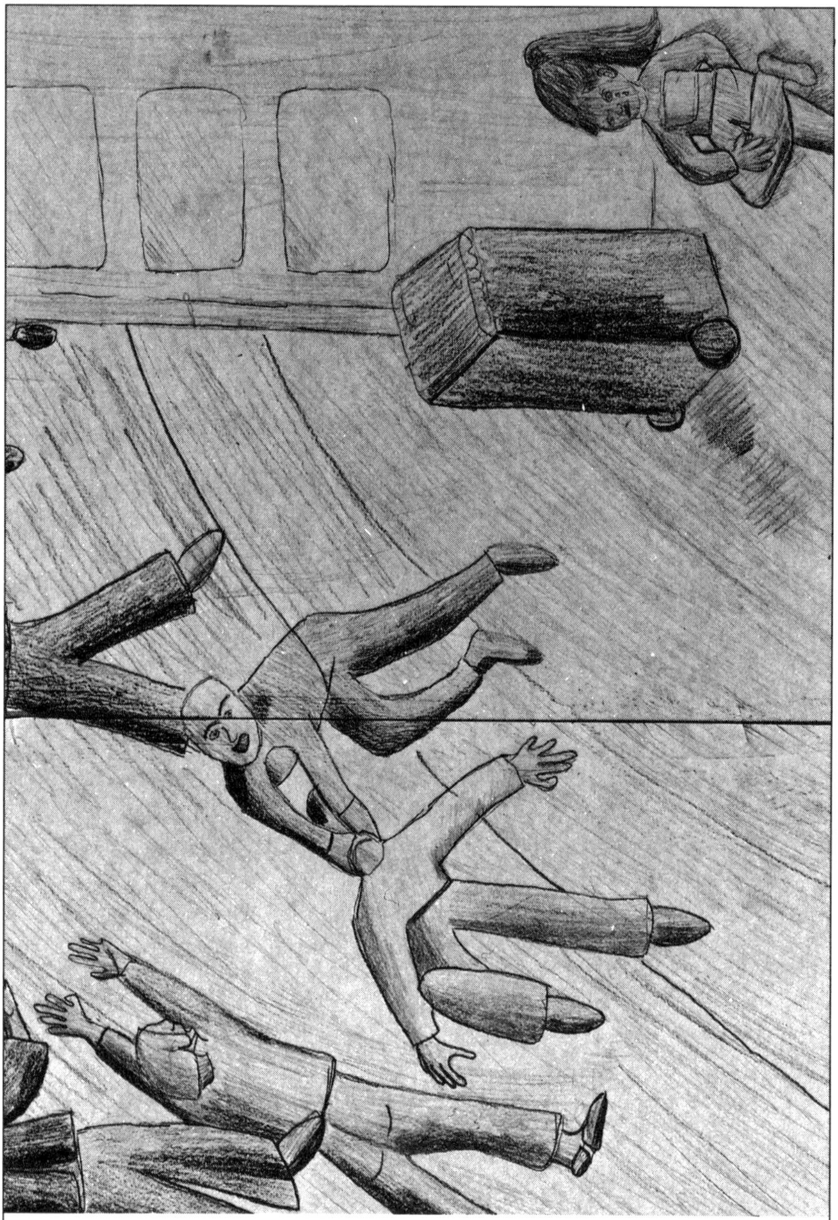

Daniela Buch, 13 Jahre
Simmertal (Rheinland-Pfalz)

Am liebsten hätte ich ihn ins Wasser geworfen

Als ich auf dem Weg zum Konsum war, kam mir ein Junge entgegen. Es sah aus, als wollte er mich verkloppen. Leider tat er es auch. Nach einer halben schmerzvollen Stunde ging ich total zerrüttelt in den Konsum. Sie dachten, ich hätte in der Mülltone gewühlt …

Als ich beim Nachhausegehen auf der Brücke entlang ging, sah ich, daß einer unter der Brücke hing. Ich half ihm hoch. Da erkannte ich, daß es der Junge war, der mich verkloppt hatte. Am liebsten hätte ich ihn ins Wasser geworfen, aber ich half ihm hoch.
Heute verkloppt er mich nicht mehr.

Roland Weinreich, 12 Jahre
Schwerin (Mecklenburg-Vorpommern)

Meine Freundin und ich spielten an den Kletterstangen.
Auf einmal kam eine Gruppe Jungs, 7. Klasse an. Sie schrieen
mich an und ~~box~~ boxten mir in den Bauch, dazu klebten sie
mir noch eine. Dann riefen sie alle: „Ausländer raus!"
Und hielten mich für eine Türkin. Ich war sehr traurig.

Katja Suhr, 9 Jahre
Rostock (Mecklenburg-Vorpommern)

Pickelmonster

Als ich auf die Realschule in Singen, Kreis Konstanz kam, war auch ein Mädchen mit langen roten Haaren dabei. Sie hat im ganzen Gesicht und auf den Händen Sommersprossen. Am Anfang war es nicht so schlimm, aber nach einigen Wochen in der neuen Schule begann es, daß Andrea gemein gehänselt wurde. Jungen und ein paar Mädchen nannten sie Pickelmonster. Andrea versuchte so zu tun, als ob es ihr nichts ausmachte, aber es war nicht so.

Wir versuchten sie zu verteidigen, aber die anderen störte das nicht. Sie machten weiter. Manchmal stand Andrea einfach auf und versuchte, sich zu wehren, mit Worten zum Beispiel: »Du siehst ja selber nicht bessser aus!« oder »Ich sage es dem Lehrer!«

Es nützte nichts. Sogar auf dem Heimweg ärgerten sie Andrea. Manchmal liefen ihr die Tränen herunter. Wir gaben ihr viele Tips und halfen ihr und trösteten sie. Andrea hat nie gepetzt. Mit der Zeit hat sie überhaupt nicht mehr reagiert, wenn sie gehänselt wurde. Da wurde es den anderen langweilig und irgendwann hörten sie auf.

Martina Stiller, 11 Jahre
Mühlhausen-Ehingen (Baden-Württemberg)

Ich will keine Angst mehr haben müssen

Ich habe Angst. Angst um Freunde. Um Menschen. Angst vor Gewalt. Gewalt – überall und immer wieder. In der Schule, im Bus, in der Eissporthalle.

Morgens im Bus. Katja, Kurdin, meine Freundin. Sie steigt in den Bus. Ein Junge schreit: »Türkensau! Deine Eltern nehmen unseren Eltern die Arbeitsplätze weg. Türkensau!«

Andere Rufe kommen hinzu. Den Jungen, der anfing, kenne ich. Sein Vater und seine Mutter haben beide gutbezahlte Jobs. Keiner seiner Freunde hat Eltern, die arbeitslos sind.

Katja tun die Worte weh. Ich möchte sie trösten, biete ihr einen Platz an. Sie setzt sich. Ich sage, sie soll nicht hinhören. Ich sage:»Ich halte zu dir, wenn sie dir was wollen.« Dann drehe ich mich um und sage: »Du Arsch!«

Angst. Ich habe Angst.

Habe Angst auch vor mir, daß ich selber gewalttätig werde, mich mit Extremisten auf eine Stufe stelle.

Gewalt – überall. Auch in der Disko. Noch während ich lache, kommen Nazis und Skinheads um die Ecke, in Richtung Theke. Sie pöbeln Ausländer an. Schreie tönen.

»Siegheil an jeder Ecke, Türkensau verrecke!«

Die Worte tun den »Ausländern« weh. Sie tun auch mir weh. Doch ich schweige. Bin starr vor Angst. Angst, mich aufzulehnen? Ich weiß es nicht.

Wieder im Bus. Ich sitze in meinem Sitz. Denke nach. Dann spüre ich einen groben Tritt. Hinter mir ruft jemand: »Türkenschlampe! Wehr dich doch!« Ich dreh' mich um, will noch »Du Fascho!« schimpfen.

Der Junge rasselt los, bevor ich sprechen kann.

»Oh, oh, Katrin. Entschuldige! Ich hab' dich nicht erkannt.« Ich bin Deutsche. Ich will nicht schweigen. Ich sage »Wäre ich Türkin gewesen, wäre ich auch beleidigt gewesen, hätte es mir auch weh getan.«

Es ist ein unbeschreibliches Gefühl.

Du möchtest dich wehren und bist zugleich wie taub. Immer wieder Gewalt. Mich überkommt Angst. Alle um mich herum schweigen –

nichts hören, nichts sehen, nichts sagen. Niemand wagt, sich zu wehren. Oder etwa doch?

Ich will das Schweigen brechen. Ich will demonstrieren, vielleicht andere aufwecken. Will eine Mauer gegen die Gewalt sein. Will keine Angst mehr haben müssen.

Katrin Jakob, 14 Jahre
Malsfeld 3 (Nordrhein-Westfalen)

Sie wollten meine neue Jacke

Als ich letztes Jahr mit meinen Freunden auf dem Jahrmarkt war, durfte ich bis 21 Uhr bleiben, dann ging ich nach Hause. Es war schon dunkel. Ich merkte, daß mir zwei Jungen nachliefen. Sie hielten ein Taxi an und machten den Fahrer dumm an.

Sie rempelten eine Oma an und waren frech zu anderen Leuten. Dann kamen sie zu mir. Sie machten auch mich dumm an. Es waren zwei Türken. Der eine war vielleicht zehn oder elf Jahre alt, der andere 14 oder 15 Jahre. Einen Tag vorher hatte ich eine neue Jacke für 100 Mark bekommen, auf die ich sehr stolz war. Sie nahmen mich am Ärmel, schleppten mich in einen kleinen Park und zogen ein Messer. »Du Penner«, sagten sie, »zieh deine Jacke aus und gib uns 200 Mark!« Ich tat keins von beiden. 200 Mark hatte ich sowieso nicht. Sie schleppten mich noch weiter weg und drohten mir, mich umzubringen. Zum Glück kamen jetzt ein Mann und eine Frau. Ich fragte sie, ob sie mir helfen könnten. Sie brachten mich bis zur Haustür. Ich bedankte mich. Die zwei Jungen sah ich nicht wieder.

Oliver Heublein, 13 Jahre
Mannheim (Baden-Württemberg)
(siehe Bild Seite 43)

Du Arschloch!
Jacke her!

Mir tat das Auge weh

Gewalt ist nicht schön. Gewalt ist böse. Ich finde Gewalt schrecklich. Einmal wollten Stefan, Hendrik und ich nach Hause gehen. Aber da kam Christof mit seinen beiden Freunden. Einer von denen hob eine Eichel auf und warf sie Hendrik an den Hals. Nach einer Weile warf er mir eine Eichel ins Auge. Naja, mir tat das Auge weh. Und da wurde ich wütend und gab es ihm wieder.

Markus Vöse, 8 Jahre
Potsdam (Brandenburg)

Nur weil er ein Türke ist

Mein bester Freund hat mir ein Erlebnis erzählt. Es war etwa 21 Uhr, als er von einem anderen aus unserer Clique nach Hause kam. Er mußte durch eine Allee, die nur von einigen Leuchten erhellt wurde. Plötzlich sah er, daß etwas auf dem Bürgersteig lag. Er versuchte zu erkennen, was es war und rannte so schnell er konnte an diese Stelle. Als er sah, daß es ein etwa zehn Jahre alter Junge war, der verletzt zu sein schien, bückte er sich, um zu helfen.

Da wurde er von hinten überrascht. Man schlug auf ihn ein und spuckte ihn an. Dann sagte der eine Junge, der zirka 17 Jahre alt war: »Verzieh' dich hier! Du und deinesgleichen, ihr gehört in euer knoblauchfressendes Land.«

Mein Freund blieb liegen, bis sie verschwunden waren, und dann machte er sich auf den Weg nach Hause. Und das alles mußte geschehen, nur weil er ein Türke ist.

Arthur Wieczorek, 13 Jahre
Dormagen 1 (Nordrhein-Westfalen)

Ein Streit in der Nacht

Als ich einmal bei Bekannten übernachtete, hörte ich plötzlich laute Stimmen aus dem Wohnzimmer. Die Frau und der Mann stritten sich. Ich hörte, wie der Mann ihr lauter Vorwürfe machte und viele Beschuldigungen vorbrachte. Die Frau weinte und weinte, bis sie endlich aus dem Wohnzimmer ging und sich in ihrem Schlafzimmer einschloß. Ich hatte aus Mitleid auch Tränen in den Augen.
Das ist doch auch Gewalt – Gewalt mit Worten!

Marjana Zigun, 12 Jahre
Rullstorf (Schleswig-Holstein)

Mirko Stöber, 12 Jahre
Salzkotten (Nordrhein-Westfalen)

In einer Nacht haben sich meine Eltern gestritten, dann wachte ich auf. Meine Mutti hat gesagt: das wir uns anziehen sollen, weil sie die Polizei anrufen wollte. Nach ein paar Mienuten kam die Polizei und hat gesagt: Wenn er es noch einmal tun würde, muß er ins Gefängnis.

Elisabeth, 9 Jahre
Potsdam (Brandenburg)

Auf dem Klo zogen die Jungen sie aus

Gesine ging in meine Klasse, von allen Mädchen geachtet und von Jungen bewundert. Sie war hübsch, intelligent und sehr selbstbewußt. In der 9. Klasse nahmen wir in Sozialkunde gerade den Stoff zum Thema »Gleichberechtigung von Mann und Frau« durch. Alle Jungen unserer Klasse, bis auf Olaf, waren der Meinung, daß die Mädchen an den Kochtopf und zu den Windeln gehörten.

Die Mädchen waren sehr dagegen und sagten offen ihre Meinung. Vor allem Gesine ging mit harten Worten gegen die Jungen vor. In der Pause sprachen wir über die Unterrichtsstunde. Die Jungen forderten uns auf, unsere Meinung zu ändern. Es fielen ein paar harte Worte und es kam zu Handgreiflichkeiten. Dann klingelte es und wir mußten die Diskussion auf die nächste Pause verschieben.

Nach der Stunde hatten wir Mädchen uns wieder beruhigt. Doch die Jungen waren immer noch aufgebracht. Gesine vertrat immer noch energisch ihre und unsere Meinung. Die Jungen waren bis auf Ausnahmen einer Meinung.

Die Jungen, die unserer Meinung waren und wir gingen auf den Pausenhof. Nur fünf Jungen blieben zurück. Gesine blieb auch. Es gab wieder ein Handgemenge, bis es soweit kam, daß die Jungen Gesine in die Jungentoilette zerrten und ihr den Pulli, BH und die Hose auszogen. Sie wehrte sich mit Händen und Füßen, aber sie hatte keine Chance gegen die Übeltäter.

Jonny, Olaf und ich gingen nachschauen, was los ist. Da hörten wir schon einen Schrei aus der Jungentoilette. Wir stürzten hin und sahen, wie Gesine um sich schlug. Die Jungen, die uns noch nicht bemerkt hatten, standen lachend um sie herum und einer lag auf ihr. Olaf und ich rissen ihn weg und Jonny lief zum Lehrerzimmer.

Gesine hat sich seitdem sehr verändert. Sie wurde viel stiller und hielt sich zurück.

Der »Knabe«, der auf ihr gelegen hatte, wurde von der Schule gewiesen, die anderen bekamen einen Verweis in die Schülerakte und ins Zeugnis. Gesine war damit nicht geholfen, aber es ist gut, daß die Jungen eine Strafe bekamen. Sie versuchen, mit Faustrecht geltend zu machen, was sie mit Worten und im Gespräch nicht beweisen können.

Diese Geschichte ist erfunden, um zu zeigen, daß man die Meinung von anderen akzeptieren muß.

Eileen Munkel, 13 Jahre
Gumpelstadt (Thüringen)

»Jetzt bist du dran!«

Letzte Woche ging mein Freund Stephan in die Schule. Da wurde er von drei Jungen aus der 8. Klasse gerufen. Es war gerade kein Lehrer da. Er ging zu den Jungen und fragte: »Was ist los?« Sie antworteten: »Komm mal mit!«

»Warum?« fragte Stephan. Die Jungen sagten: »Das wirst du früh genug erfahren.« Mein Freund ist ein Türke und sehr zutraulich und nett. Sie gingen dann zum Sportplatz und sagten: »Jetzt bist du dran!« Dann bekam Stephan von den drei Jungen eins in die Schnauze. Er kam mit einem blauen Auge nach Hause und mit geschwollener Nase. Die Mutter dachte, er wäre in einen Streit miteinbezogen worden und dachte sich nichts dabei.

Also ging Stephan am nächsten Tag wieder zur Schule. Er kam etwas später, damit ihm so etwas nicht noch mal passierte. Und er hatte Glück. Die Jungen waren schon in ihrer Klasse. Doch nach der Schule kamen die Jungen aus ihren Verstecken. Heute waren es vier. Er bekam diesmal eine gebackst. Stephan hatte Angst, es dem Lehrer zu petzen. Als er dann nach Hause ging, sagten sie zu ihm: »Du dummer Türke! Alte Türkensau!«

Er rannte so schnell er konnte nach Hause. Als er dort ankam, erzählte er es seiner Mutter. Aber die dachte sich schon wieder nichts dabei und schickte ihn am nächsten Tag wieder zur Schule. Was dann passierte, seht ihr auf dem Bild.

Kim Babilonski, 10 Jahre
Weding (Schleswig-Holstein)

Der Kummer auf meiner Seele

Es war am Morgen meines Geburtstags. Ich ging in die Stube, um zu sehen, was ich alles bekommen hatte. Der Tisch, der sonst immer prall gefüllt war, was diesmal leer. Ich ging enttäuscht in die Küche. Mutti saß weinend am Tisch. Dann erzählte sie: Mein Vater, der immer so sicher war, daß ihm nichts passierte, war in der Nacht, auf dem Rückweg von unseren Bekannten, zusammengeschlagen worden. Jugendliche haben ihn von hinten überrascht und dann mit einem Baseballschläger zusammengeschlagen. Dann war er bewußtlos. Sie haben ihn nach Geld durchsucht, doch Vati hatte nur die Haustürschlüssel mit. Nach drei Stunden wachte er auf. Er war voller Blut, denn die Jugendlichen hatten ihn direkt neben der Schläfe getroffen. Sie haben ihn einfach so liegen lassen. Ihnen ist es egal gewesen, ob Vati verblutet und stirbt.

Jedes Jahr zu meinem Geburtstag erinnere ich mich wieder ganz genau an dieses schreckliche Ereignis. Die Empörung über so eine Sache ist groß. Ich werde es nie, wirklich nie vergessen. Und was ich noch sagen möchte: Ich muß Ihnen danken. Denn wenn man sich solch schweren Kummer von der Seele reden oder schreiben kann, ist man sehr erleichtert.

Nicole Kollak, 11 Jahre
Wismar (Mecklenburg-Vorpommern)

Ein Kindergarten ist kein Hunde-Klo

Es ist schlimm, daß die Hunde überall hinscheißen. Das stinkt dann. Auch auf dem Kindergartengelände. Das ist doch ein Haus für 60 Kinder und keine Hunde-Toilette! Die ganze Stadt ist voller Hundescheiße! Es ist kein Platz zum Spielen – alles voll.

Viktor Lochmann, 10 Jahre
Wuppertal 1 (Nordrhein-Westfalen)

Er wird immer verprügelt

Vor einem Jahr haben wie einen neuen Klassenkameraden bekommen. Er war Ausländer. Er hatte eine Klasse noch mal machen müssen. Bloß, weil er nicht gut ist, wird er auch heute noch immer wieder verprügelt. Die das machen, gehen eine Klasse höher. Er bekommt andauernd einen Stempel, auf dem steht, daß er die Hausaufgaben nicht gemacht hat. Und schnell genug ist er auch nicht. Und in der Pause hat er meistens niemanden zum Spielen.

Das ist Gewalt in der Schule.

Desirée Wolter, 9 Jahre
Blieskastel (Rheinland-Pfalz)

Ein Tag im Lager

Gewalt bedeutet, wenn sich Leute streiten. Gewalt bedeutet aber auch, wenn sich Leute prügeln. Gewalt ist das, was in Rostock passierte. Ich finde, Gewalt ist etwas für die Blöden. Es sollte überhaupt keine Gewalt geben. Und wenn, dann auf einem anderen Planeten, wo die Menschen niemals hinkommen werden.

Gewalt ist, wenn jemand von irgendwo ausgeschlossen wird. Aber auch, wenn sehr viele Leute in Lager und Turnhallen gequetscht werden. Das ist für mich Gewalt!

Ich bin vor fast fünf Jahren aus Polen nach Deutschland gekommen. Es war der 2. Dezember 1987. Wir sind in Frankfurt angekommen. Da hat mein Opa uns abgeholt. Danach mußten wir mit einem anderen Zug weiterfahren. Wir sind in Gießen angekommen und zu meiner Oma gefahren. Bei ihr haben wir einige Monate gewohnt, bis wir in ein Lager kamen. Inzwischen war auch mein Vater da. Im Lager wohnten wir zwei Jahre, bis wir eine Wohnung bekamen. Wir hatten ein kleines Zimmer.

Ein Tag im Lager beginnt um sieben Uhr. Mein Bruder Thomas steht auf. Bei jeder Bewegung quietscht das alte Bett unheimlich. Ich drehe mich um und versuche, noch zu schlafen, aber da rummst es. Thomas ist vom Bett gesprungen. Als ob man nicht langsam herunterklettern könnte! Nun bin ich wach. Also stehe ich auf und gehe in den Flur. Ich will auf die Toilette, doch sie ist besetzt. Der Nachbar ist drin, wie immer. Also gehe ich wieder in das kleine Zimmer, in dem meine Familie wohnt, esse dort Frühstück, ziehe mich um und gehe dann wieder in den Flur, um zu schauen, ob das Klo nun frei ist. Es ist frei und ich kann rein.

Kaum bin ich fertig, muß ich rennen, um den Bus nicht zu verpassen. Um halb acht fährt er los. Er ist immer überfüllt. Ich fahre an das andere Ende der Stadt, wo meine Schule ist. Es ist schwer in der Schule. Ich kann noch nicht so gut Deutsch, aber ich mache alles, um es zu lernen. Auch die Hausaufgaben sind schwer. Meine Eltern können mir nicht helfen, nur mein Bruder. Meine Eltern können kein Deutsch und gehen selbst zur Schule.

Wenn ich mit den Hausaufgaben fertig bin, gehe ich raus aus der

»Hundebude«, um zu spielen. Aber ich weiß nicht wohin. Es gibt hier überhaupt keinen Spielplatz. Deswegen machen sich mein Bruder, ein Freund und ich auf die Suche nach einem Spielplatz.

Das ist aber kein guter Einfall. Da ist nämlich eine Frau. Sie hat wohl etwas gegen Ausländer und besonders gegen Polen. Sie verprügelt meinen Bruder mit einem Stock, so daß er zum Arzt muß. Und das nur, weil er ihrer Tochter gesagt hat, sie soll weggehen, denn sie hat unsere Sandburg kaputt gemacht.

Drei Stunden später kommen wir vom Krankenhaus nach Hause. Es ist schon abend. Wir sind müde und wollen uns waschen und schlafen legen. Aber es geht schon wieder los — wir sind nicht die einzigen, die ins Bad wollen. Vor uns sind noch zehn Leute ...

Diese Geschichte fand wirklich statt.

Peter Kusch, 11 Jahre
Gießen (Hessen)

Zum Glück hatte ich einen Schutzengel

Wir sind umgezogen. Früher wohnten wir in einem großen Haus. Dort gab es auch viele Jungen. Die zwei Jungen, die unter uns wohnten, suchten regelmäßig Streit. Der jüngere von den beiden war sehr gewalttätig. Er war elf Jahre alt, ich erst sieben oder acht.

Einmal hatte er mich so geprügelt, daß ich zum Arzt mußte. Er war mit einem spitzen Pfeil auf mich losgegangen und traf mich fast ins Auge. Wenn ich nicht einen Schutzengel gehabt hätte, wäre ich heute blind. Meine Eltern versuchten, mit der Mutter zu reden, aber es brachte nichts.

Marco Zink, 10 Jahre
Schweinfurt (Bayern)

Wo können wir spielen?

Ich wohne erst seit eineinhalb Jahren in Wuppertal. Ich bin Deutsche aus der UdSSR. Mein Thema ist, daß die großen Jungen und Mädchen sagen: »Hau ab! Verschwinde! Hier spielen wir!« Und dann können die Kinder nicht auf dem Spielplatz spielen. Auch die Erwachsenen sagen: »Geht woanders spielen! Ihr könntet hier Fenster kaputt machen.« Und so weiter ...

Elena Lochmann, 12 Jahre
Wuppertal (Nordrhein-Westfalen)

Charlie aus Ghana

Am ersten Schultag nach den Sommerferien stellte uns die Klassenlehrerin einen neuen Mitschüler vor. »Das ist Charlie aus Ghana«, sagte sie. Einige Jungen schrien laut: »Oh, jetzt haben wir ja einen Bimbo in der Klasse!« Ich schaute meine Freundin Nicole an und merkte, daß wir dieselben Gedanken hatten. Später, in der Pause, sprachen wir darüber und fanden es sehr beschämend, daß die Jungen so etwas gesagt hatten. Plötzlich hörten wir Lärm und gingen zu einem Kreis aus Schülern. Wir sahen, daß einige Schüler Charlie beschimpften. Wir waren sehr traurig. Auch danach wurde Charlie immer wieder beschimpft und verprügelt.

Silke Hoffmann, 13 Jahre
Windhausen/Harz (Niedersachsen)
(siehe Bild S. 54)

Man muß sich mal vorstellen, wie das ist

Gewalt trifft man überall. Ich rede nicht von der Gewalt mit Schlägen und Tritten. Nein, von der inneren. Man muß sich mal vorstellen, wie das ist, wenn man als Ausländer in ein fremdes Land geht. Ohne daß man etwas gemacht oder gesagt hat, nur weil man eine andere Hautfarbe, ein anderes Aussehen oder eine andere Sprache hat, erfährt man Gewalt.

Heute im Bus zum Beispiel. Ich sitze neben meiner Freundin. Vor mir ist noch ein Platz frei, nur ein etwa vierzehnjähriger Junge sitzt da. Ein gleichaltriger Junge will sich auch hinsetzen, doch er darf nicht. Er ist Türke. Der deutsche Junge gröhlt: »He, Türkenarsch, du bist hier nicht erwünscht!« Ich könnte noch mehr erzählen.

Julia Blatter, 12 Jahre
Rötenbach (Baden-Württemberg)

Hoffentlich begegnet mir kein Kampfhund

Manche Menschen bilden sogar ihre eigenen Hunde als Kampfhunde aus und jeder, der in die Nähe des Hundes kommt, wird angegriffen. Ich habe schon gesehen, daß ein kleiner Junge von einem Kampfhund angegriffen wurde und der ihn fürchterlich ins Bein und in die Arme gebissen hat. Der Junge ist jetzt ein Pflegefall. Ich finde Kampfhunde schrecklich, aber irgendwie tun mir die Hunde auch wieder leid. Sie können ja nichts dafür, daß sie so grausam abgerichtet worden sind. Ich hoffe, daß mir niemals ein Kampfhund begegnet.

Catherine Klonki, 10 Jahre
Wildau (Brandenburg)

Meine Schildkröte ist gestorben

Wenn einer ein Haustier hat und es stirbt, ist das Gewalt für die Seele und für die Liebe. Denn es stirbt dein bester Freund. Ich habe geweint, als meine Schildkröte Susi gestorben ist. Mich hat es sehr betroffen.

Maureen Kott, 9 Jahre
Potsdam (Brandenburg)

Wir haben uns alle gut verstanden

Wenn bei uns Krieg wäre, wären alle froh, wenn sie in einem anderen Land Hilfe finden würden. Und wenn dann das Asylantenheim (wo sie untergebracht worden sind), angezündet werden würde, würden sie wahrscheinlich ihre paar Sachen, die sie mitgebracht haben, verlieren. Und sie hätten nur noch Kleider am eigenen Körper. Sie wären sicher ganz verstört, weil sie immer Angst haben müßten vor den Inländern. Ich finde es ganz gemein, so etwas zu tun!

Als ich noch in der Grundschule war, gab es nur sechs bis sieben rein deutsche Kinder. Die anderen kamen entweder aus anderen Ländern oder waren halb deutsch, wie ich. Wir haben uns alle gut verstanden. Uns war es egal, ob der eine schwarze Haare hat, ob er farbig ist oder ob er mandelförmige Augen hat oder, oder ... Wir mochten uns so, wie wir sind.

Statt lauter unwichtiger Sachen im Erdkundeunterricht könnte man dort doch erfahren, wie sich die Mitschüler fühlen, wenn sie farbig sind. Oder wie es in ihrem Zuhause ist. Oder warum sie hierhergekommen sind. Wenn man mehr von Ausländern weiß, würde man sie vielleicht gar nicht so schlecht finden. Mein Vater ist aus dem Iran, meine Mutter aus Deutschland. Ich habe schwarze Haare und man könnte mich für eine Ausländerin halten. Deswegen habe ich oft Angst, wenn jugendliche oder erwachsene Männer, die etwas komisch aussehen, zum Beispiel mit einer Bierflasche in der einen und einer Zigarette in der anderen Hand an mir vorbeigehen. Wenn ich einen Regenschirm dabei habe, schlage ich ihn immer in meine linke Hand. So fühle ich mich sicherer.

Samira Peseschk, 10 Jahre
Frankfurt am Main 50 (Hessen)

2. Kapitel

Nachts träume ich, daß mir mal so etwas passiert

Gewalt macht Angst – ob sie sich gegen Ausländer, Schwächere oder Hilflose, gegen Tiere oder die Natur richtet, ob sie im Krieg, im Alltag, in der Familie, in der Schule ausgeübt wird. Horrorvideos und Katastrophennachrichten tun ein übriges. Besonders Mädchen versuchen, ihre Angst zu verarbeiten, indem sie sich in die Opfer hineinversetzen und sich Geschichten dazu ausdenken. Dahinter steht immer das Bekenntnis: Ich lehne Gewalt ab.

Ich mache immer die Kette vor die Tür

Weil meine Eltern geschieden sind und meine Mutti für uns Geld verdienen muß, sind mein Bruder und ich viel allein zu Haus. Ich bin 9 und mein Bruder 12 Jahre alt. Meine Mutti hat uns erklärt, warum es gefährlich ist, fremden Leuten die Tür zu öffnen oder mit jemandem mitzugehen.

Ich habe große Angst, daß mir mal so etwas passieren könnte und träume sogar nachts davon. Ich mache zwar immer die Kette vor die Tür und gehe auch nicht mehr im Dunkeln nach Hause, wenn ich bei einer Freundin war. Aber was soll ich nun machen, wenn mich jemand bittet, ihm etwas tragen zu helfen oder einen Weg zu erklären? Meine Mutti und die Lehrerin sagen doch auch immer, daß man höflich und hilfsbereit sein soll.

Woher soll ich denn wissen, ob ein Mensch wirklich Hilfe braucht oder ob er böse ist?

Meine Mutti hat auch Angst, abends wegzugehen. Wenn wir mal jemanden besuchen, gehen wir immer früh wieder nach Hause, weil wir kein Auto haben und uns fürchten, überfallen zu werden. Ich finde es sehr schlimm, daß es so viel Gewalt und Angst gibt.

Manuela Tenner, 9 Jahre
Leipzig (Sachsen)

Wird unser Haus angezündet?

Abends liege ich manchmal über eine Stunde wach im Bett und traue mich gar nicht einzuschlafen, weil ich mir einbilde, daß das Ticken der Uhr von einer Zeitbombe kommt. Ich bekomme immer mehr Angst, weil die Leute im Radio bei den Nachrichten immer wieder vom Krieg reden. Ich habe aber auch Angst davor, daß unser Haus angezündet wird. Und das kommt davon, daß ich immer wieder davon höre, daß Flüchtlings- und Asylantenheime angesteckt wurden.

Julia Lingenthal, 9 Jahre
Berlin 37 (Berlin)

Können wir ohne Regenwald leben?

Warum gibt es Gewalt? Was treibt die Menschheit immer wieder zu diesen schrecklichen Sachen? Wir sind auf der Erde das höchstentwickelte Lebewesen. Wenn man aber die Geschichte verfolgt, könnte man zu dem Schluß kommen, das am niedrigsten entwickelte Lebewesen zu sein. Nicht nur, daß wir andere Kreaturen gnadenlos ausrotten, selbst gegen uns ziehen wir immer wieder zu Felde. Der Tropische Regenwald gehört zu den wichtigsten Wäldern der Erde. Er wird von Jahr zu Jahr kleiner, durch Abholzung und Brandrodung. Dadurch werden die Lebensräume der Pflanzen und Tiere zerstört. Wenn es so weiter geht, werden wir bald keinen Regenwald mehr haben. Dann hat die Menschheit weniger Überlebenschancen. Davor habe ich Angst.

Silvia Thiel, 12 Jahre
Wittenberg (Sachsen-Anhalt)

Zuerst schlitzten die Skins den Teddy auf

Alles begann, als ich mit Alex, meinem Freund gemeinsam zur Schule ging. Alex ist mein Freund. Wir wohnten nur zwei Häuserblocks auseinander. Ich hatte bei Alex übernachtet. Jetzt gingen wir also über den Hinterhof, Richtung Bushaltestelle. Da fiel mir plötzlich auf, daß die Wände im Hinterhof alle voller Schmierereien und ausländerfeindlicher Parolen waren. So etwas gab es hier bisher nicht, da wir in einem verhältnismäßig ruhigen Stadtteil leben.Wir machten uns keine Sorgen darüber und gingen einfach weiter.

Während der Busfahrt mußte ich dauernd an den Hinterhof denken. Ich machte mir pausenlos darüber Gedanken, wer das Geschmiere an den Wänden verursacht haben könnte. Ich hatte schon mal im Fernsehen gesehen, daß es Neonazis gab, die ähnliche Parolen an Wände gesprüht hatten und einige Tage später jeden Ausländer fast totschlugen, der ihnen über den Weg lief, und die … »Hey, wir sind da!« rief Alex plötzlich, »Willst du nicht aussteigen?« Wir gingen heute sehr

langsam zum Schulgebäude, denn wir waren beide sehr in Gedanken versunken.
Nach der Schule auf dem Heimweg begegnete uns ein glatzköpfiger Jugendlicher. Nachdem er vorbeigegangen war, flüsterte ich: »Hey Alex, das ist einer von denen!« Alex stutze. Ja, natürlich, wie sollte er wissen, woran ich jetzt dachte. Also erklärte ich ihm den Zusammenhang von diesem Typ und den Kritzeleien im Hinterhof, warum ich im Bus so unaufmerksam war und was ich im Fernsehen über diese Typen gesehen hatte. Jetzt verstand Alex und erklärte, daß man diese Typen Skins oder Skinheads nennt, was soviel heißt wie Hautkopf, also Glatzkopf. Alex brachte mich dann noch bis zur Haustür und ging dann auch nach Hause.

Mir ging eine Menge durch den Kopf. Ich war besorgt um meine Familie, vor allem aber um die unter uns wohnende türkische Familie. Sie hatten vier Kinder. Drei waren 15, 17 und 19 Jahre alt. Das vierte Kind, ein kleines Mädchen, war erst vier Jahre alt und spielte oft im Hinterhof. Ich dachte, wenn keiner auf sie aufpaßt, würden die Skins sie vielleicht überfallen. Es war ja bekannt, daß sie nicht mal vor kleinen Kindern halt machen.

Am Nachmittag setzte ich mich ans Fenster und beobachtete den Hinterhof, wo die kleine Ashad, so hieß das Mädchen, mit ihrem Teddy spielte. Ich saß so vielleicht zwei Stunden. Plötzlich sah ich drei Skinheads, mit Messern und Baseballschlägern bewaffnet, auf die Kleine zugehen. Ashad ließ ihren Teddy fallen. Er landete genau in einer Pfütze.

Ihre dunkelbraunen Augen schrien förmlich vor Angst, als sie mit ansehen mußte, wie die Skins ihren Teddy mit Baseballschlägern schlugen und mit einem Messer aufschlitzten. Der rote Plüschteddy war jetzt zerstückelt und verdreckt.

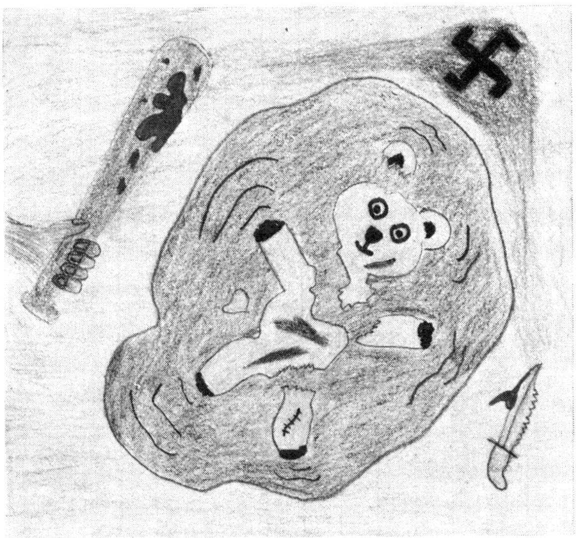

Jetzt begannen die Skinheads auf die kleine Ashad loszugehen. Sie fing an, laut zu schreien, doch niemand konnte sie hören, denn alle Hausbewohner waren um diese Zeit fort zur Arbeit und ich traute mich weder aus dem Haus noch auch nur irgend etwas von mir zu geben. Über Ashads angstverzerrtes Gesicht liefen die Tränen. Plötzlich hörte ich ein Auto vorm Haus halten. Ich rannte wie angestochen die Treppen hinunter, fiel hin und als ich mich wieder aufgerappelt hatte, stand mein Vater vor mir. Ich rief ihm zu: »Komm mit, schnell!« Mein Vater mußte wohl mein verängstigtes Gesicht gesehen haben, denn er folgte mir wortlos.

Als er in den Hof kam, sah er schon, was passiert war. Ashad lag am Boden und blutete. Die Skins lachten laut. Mein Vater rief, ich solle die Polizei und einen Krankenwagen rufen. Als die Polizei kam, konnten sie nur unter größtem Einsatz die drei Skins verhaften. Ashad wurde ins Krankenhaus gebracht. Sie blutete stark, hatte einige gebrochene Glieder und eine Gehirnerschütterung. Für mich war das erst mal das Ende dieses furchtbaren Alptraums. Als nächstes sah ich nach Ashads Teddy. Er sah wirklich schlimm aus. Ich fragte meine Mutter, die inzwischen auch angekommen war, ob sie ihn nicht wieder hinkriegen könnte. Sie nahm mich in die Arme und nickte lächelnd. Mein Vater nahm uns beide in die Arme und so gingen wir ins Haus. Ich war wahnsinnig froh, daß jetzt alles vorbei war.

Meine Mutter konnte den Teddy wieder einigermaßen reparieren. Am nächsten Tag besuchte ich Ashad im Krankenhaus und gab ihr den Teddy zurück. Sie freute sich riesig und ich sah ihre dunkelbraunen Augen zum ersten mal fröhlich leuchten. Seit dieser Zeit sind die Dschergüls, so hießen Ashads Eltern, eng mit uns befreundet. Ich hoffe nur, daß so etwas nie wieder passiert.

Leslie Neubert, 13 Jahre
Gudensberg (Hessen)

Kommt, wir verprügeln die Flasche!

Ingo ging auf dem Schulhof umher. Auf einmal kam Ralf, der Stärkste in der Klasse. Ralf wollte wieder Streit anfangen. Er schrie Ingo an: »Du Flasche!«

Ingo sagte: »Laß mich in Ruhe!« Ralf trat Ingo in den Bauch. Ingo fiel zu Boden und hustete. Er stand wieder auf und rannte fort.

Am nächsten Tag kam Ralf an die gleiche Stelle. Ingo kam auch zu den Jungs. Aber Ralf sagte zu den anderen: »Kommt, wir wollen unsere Flasche verprügeln!« Sie traten Ingo in den Rücken und in den Bauch.

Da kam ein Lehrer. Er ging dazwischen, aber sie wollten nicht aufhören. Ingo blutete schon.

Endlich hörten Ralf und die anderen auf. Ingo wurde ins Krankenhaus gefahren. Er hatte einen Schock. Ralf wurde zu einer Geldstrafe von 600 Mark verurteilt. Ich finde das nicht gut, jemanden zu verprügeln. Es kann schlimm ausgehen!

Denis Blau, 12 Jahre
Themar (Thüringen)

Ich hasse Gewalt

Manche Kinder haben Taschenmesser und Gaspistolen. Ein Junge aus der 4. Klasse hat mit der Gaspistole auf einen Erstklässler geschossen. Dem Erstklässler haben die Augen gebrannt. Zum Glück konnte er noch sehen!

Die Viertklässler drohen den jüngeren Kindern mit den Messern und wollen Geld. Wenn die Jüngeren das Geld nicht geben, schlagen die Viertklässler sie zusammen.
Ich hasse Gewalt.

Paul Hrapek, 8 Jahre
Lörrach 6 (Baden-Württemberg)

In Sarajewo herrscht Gewalt und hier auch

Der elfjährige Milovan Yvankowic kommt aus Sarajewo. Jetzt wohnt er in einem Asylantenheim in Bernburg. Eines Tages kamen Skinheads und Jugendliche aus der Umgebung und warfen Steine in die Fenster. Milovans Eltern sagten ihm, er solle nicht zu nah ans Fenster gehen. Als die Skins nach einer halben Stunde immer noch nicht aufgehört hatten, gingen die Yvankovics zu anderen Asylanten aus Sarajewo. Die Fensterscheiben in deren Wohnung sahen genauso aus.

Eine Stunde später bewarfen die Skins das Haus mit Molotow-Cocktails. Diese explodierten und alle Asylanten rannten ins Freie. Sie mußten die Nacht draußen verbringen. Zum Glück war es Sommer und die Nacht nicht kalt. Milovan dachte: Bei uns in Sarajewo herrscht Gewalt – der Krieg. Hier herrscht Gewalt — die Ausländerfeindlichkeit. Wo auf der Welt gibt es keine Gewalt? Wo auf der Welt kann man in Frieden leben? Das muß ein Paradies sein!

Anke Gruhn, 11 Jahre
Groß Gerau (Hessen)

Eine Scheidung ist schrecklich

Vor ein paar Wochen erzählte Gaby ihrer besten Freundin Melissa, daß ihre Eltern sich scheiden lassen wollen. Entsetzt fragte Melissa: »Wirklich? Wieso denn?«

Mit Tränen in den Augen erzählte Gaby von den Streitereien ihrer Eltern in den letzten Wochen. Ihr Vater ist seit zwei Jahren arbeitslos und sitzt den ganzen Tag in der Wirtschaft und versäuft das mühevoll durch Putzarbeit erarbeitete Geld der Mutter. Ihre Mutter ist am Ende mit ihren Nerven, denn der Haushalt, die fünf Kinder, das Putzen in einer Sparkasse und die nächtliche Heimkunft des betrunkenen Vaters wachsen ihr über den Kopf. So kam es zu der schweren Auseinandersetzung der Eltern, wo die Mutter dem Vater vorwarf, daß er sich nicht um eine neue Arbeit kümmere. Und der besoffene Vater nannte sie eine Schlampe und eine faule Sau.

Weil der Vater sie trotz der vielen Arbeit so beleidigt hatte, schrie sie ihn an: »Mir langt es endgültig. Ich lasse mich scheiden.« Mit diesen Worten lief sie in die Küche, holte ihren Geldbeutel, warf ihn vor den Vater auf den Tisch und schrie: »Da! Nimm doch alles!«

Dann setzte sie sich auf einen Stuhl und fing an zu weinen. So verzweifelt hatten die Geschwister, die daneben standen, als die Eltern sich stritten, sie noch nie erlebt.

Ich hoffe, daß mir das gleiche nie passiert. Denn nichts ist schlimmer, als eine Scheidung der Eltern.

Bianca Hansel, 11 Jahre
Oberspiesheim (Bayern)
(siehe Bild Seite 14)

Jana Doberenz, 11 Jahre
Eberswalde-Finow (Brandenburg)

Wer will schon anders sein?

Ich hatte noch keine Erfahrung mit körperlicher Gewalt – und das ist auch gut so. Aber es ist sehr oft so, daß viele einfach Angst haben, sich gegen die allgemeine Meinung zu stellen. Auch, wenn man recht hat.

Da ordnet man sich eben einfach unter. Ich kenne eine ganze Menge Kinder in meinem Alter, die so sind. Das finde ich furchtbar.

Es wird viel seelische Gewalt auf Kinder ausgeübt, die anders sind und sich nicht anpassen wollen. Wegen ihrer Sprache, ihrer Kleidung und ihrer Ausstrahlung. Die Ausdrücke und Gemeinheiten sind meist ganz furchtbar und schmerzlich. Manchmal werden sie verprügelt. Ich kann mir einfach nicht vorstellen, warum man so etwas macht. Ich versuche, Gewalt zu vermeiden, indem ich immer ich bleibe und versuche, die anderen zu überzeugen. Aber eigentlich müßten sie es von alleine einsehen. Genauso wehre ich mich auch. Ich halte nichts von Karate usw, weil es so brutal ist. Damit kann man sich auch nicht gegen körperliche Gewalt schützen.

Kathleen Alisch, 13 Jahre
Berlin (Berlin)

Toll, wie die schießen!

Ich komme von der Schule nach Hause und die Flimmerkiste läuft schon wieder. Meine kleine fünfjährige Schwester Ulrike sitzt davor und sieht mit Begeisterung ihre Lieblingsfilme. Gerade läuft »He-Man« – der gute, starke Mann, der gegen das Böse kämpft und natürlich gewinnt. Es folgen »Sable-Rider«, »Die Retter der Erde« und »Karate Kid«. Als Karate-Kid gerade gegen die Bösen kämpft, springt Ulrike auf, macht Karatesprünge und schreit: »Yeah! Gib's ihm!« Der krönende Abschluß sind die »Killertomaten«, die, wie sie sagt, »groß sind und die Menschen auffressen wollen«.

Horrorfilme im Zeichentrick-Programm! Aber auch sogenannte normale Filme, zum Beispiel mit Bud Spencer oder auch das »A-Team« zeigen Gewalt am Nachmittag und am frühen Abend im Fernsehen.

»Es ist echt toll, wie die schießen und kämpfen und sich K.O. schlagen«, erklärt mir Ulrike. »Wenn bei Bud Spencer jemand anfängt zu hauen, dann haut er immer zurück.«

Und auf die Frage, ob sie sich im Kindergarten auch so prügeln, meint sie: »Ja, wenn jemand böse ist, hau ich zurück. Ich laß mir nichts gefallen.« Sind da nicht Vorbilder zu merken? Und mal ehrlich: Sind wir nicht auch begeistert, wenn mal wieder eine richtige Schlägerei im Gange ist und jemand einen Stuhl über den Schädel kriegt?

Jette Wappler, 12 Jahre
Wolgast (Mecklenburg-Vorpommern)

Gewalt aus dem Fernseher?

Vielleicht haben die Menschen, die gewalttätig sind, sich manches aus dem Fernsehen abgeguckt. Wenn man überlegt, könnte es ja sein. So viele Nachrichten und Krimis wie heute gab es früher nicht.

Christian Weichel, 12 Jahre
Lohnweiler (Rheinland-Pfalz)

Immer spritzt Blut

»Moonstone« ist ein gefährliches und gruseliges Computerspiel. Dort werden am Anfang ganz grausame Ritter ausgewählt und dann geht es los: Horror-Töne erklingen, der große Gegner kommt und du mußt ihn besiegen. Man kann ihm den Kopf abhauen oder den Bauch rausreißen. Immer spritzt Blut. Es kommen verschiedene Gegner, zum Beispiel ein Monster, das dich in den Boden zieht, Zombies, die dich mit Hämmern schlagen, Männer, die dich aufspießen, Riesen, die dich mit Stöcken zerhämmern, Löwen mit Hörnern, die dich blutig rammen. Ob das wohl richtig ist? Das ist doch nichts für Kinder. So was sollte verboten werden.

Marco Bosche, 13 Jahre
Saerbeck (Nordrhein-Westfalen)

Vielleicht wollen sie gar nicht mitmachen?

Mir ist aufgefallen, wenn einer Gewalt gegen Ausländer macht, machen andere mit, ohne daß sie es richtig wollen. Einfach nur, um dabei zu sein, um nicht bei der kleineren Gruppe, die gegen Rassismus ist, zu stehen. Vielleicht denken die Leute, die den Ausländerhaß unterstützen, daß die Ausländer ihnen die Arbeitsplätze wegnehmen. Darin ist in einem Wahrheit, im anderen Ungerechtigkeit. Da liest man in den Zeitungen, daß Arbeitgeber deutsche Bauarbeiter entlassen und ausländische Arbeitnehmer beschäftigen. Zu einem Hungerlohn! Die Ungerechtigkeit liegt darin, daß die Arbeitgeber denken, daß sie die ausländischen Bauarbeiter für wenig Geld arbeiten lassen können, wo die deutschen Bauarbeiter bei den gleichen Arbeiten viel mehr Geld bekommen würden.

Bianca Hartmann, 13 Jahre
Wertheim (Baden-Württemberg)

Melanie Buch, 13 Jahre
Simmertal (Rheinland-Pfalz)

Ich bin so wehrlos

»Deutschland den Deutschen! Ausländer raus!« brüllt es durch die Straße. Sie spürt, wie sie rot wird, wie die Leute sich umdrehen. Verwirrt rennt sie davon. Immer schneller läuft sie, wie um ihre Wut abzuschütteln. Um vor ihrer Angst wegzurennen. Erst vor einer alten, verwitterten Haustür hält sie an. Sie drückt einen Klingelknopf, dann öffnet sie die Tür einen Spaltbreit und schlüpft in den kühlen, halbdunklen Hausflur. Sie atmet hastig, versucht, sich zu beruhigen und lehnt ihre glühendheißen Wangen an die kalte Wand. Die Einkaufstasche hat sie neben sich gestellt und sich eben auf die Treppe gesetzt, da hört sie einen unsicheren, leichten Schritt hinter sich. »Peter?« fragt sie, ohne sich umzusehen.

Peter ist so etwas wie ein Freund. »Nazis?« fragt er zurück und sie nickt langsam. Peter setzt sich neben sie auf die Treppe. Sie sagt: »Es sind nicht die Prügeleien, die ich fürchte. Ich kann mich wehren!« Und sie zeigt ihre Muskeln. »Es sind ihre Herzen, vor denen ich mich fürchte, ihre Gedanken, ihre Worte. Sie hassen mich. Wenn sie brüllen 'Türken raus', wenn sie über mich lachen und Witze machen, bin ich so wehrlos. Ein Kloß steckt in meinem Hals und ich kann nicht mehr denken, nichts sagen. Ich kenne dieses Gefühl nicht, jemanden zu hassen. Manchmal möchte ich einfach tot sein. Nicht mehr diese schreienden Stimmen hören ...« Sie schaut auf die Uhr und sagt mit veränderter Stimme: »Es ist spät geworden. Ich muß los.« Peter sagt: »Ich komme mit!« Sie sieht ihn an und dann verschluckt das Dunkel der Nacht die beiden.

Margaretha Böde, 13 Jahre
Dresden (Sachsen)

Colette Friedl, 13 Jahre
Schkeuditz (Sachsen)

Was ist schon meine Angst?

Ich sitze hier in der Schule und hab' Angst vor der nächsten Klassenarbeit. Aber was ist das schon? Manche Kinder würden wahrscheinlich gern tausende von Arbeiten schreiben, und das dafür eintauschen, daß es niemals wieder Menschen gibt, die sie verprügeln und mit Benzin übergießen. Und ihre Familien würden das auch tun. Jede Mutter, jeder Vater würde sein Leben lang arbeiten um die Familie zu schützen.

Ich finde es nicht in Ordnung, daß sich solche brutalen Menschen hinter ihrer Fahne verstecken. Wenn man sie allein antrifft, bräuchte man, glaube ich, ein Millimeter-Band, um ihre Größe festzustellen!

Jeanine Strehle, 13 Jahre
Schulzendorf (Brandenburg)

Jetzt hat Fari keine Puppe mehr

Es war ein Tag wie jeder andere in der kleinen Stadt. Aber um die Mittagszeit sollte ein Bus mit Menschen aus einem fremden Land ankommen. Als der Bus dann da war, stiegen 50 bis 60 Leute aus, darunter auch die neunjährige Fari, ihre Eltern und ihre fünf Jahre ältere Schwester. Ihre Blicke verrieten ein bißchen Angst, denn sie waren ja nun in einem für sie ganz fremden Land.

Es mußte aber sein, denn hier in Deutschland könnte der Vater vielleicht eine Arbeit bekommen, damit sie besser leben können. Doch noch sieht ihre Zukunft ziemlich trostlos aus. Die Familie kommt erst einmal in ein Asylantenheim. Dort müssen sie auf engstem Raum leben und obendrein um ihr Leben bangen. Denn irgendwelche Menschen, die Ausländer hassen, wollen sie mit Steinen bewerfen, sie verprügeln oder mit Messern zu Tode stechen.

Durch die ganze Anmelderei, Zimmerverteilung und Sacheneinräumen ist es schließlich Abend geworden und alle gehen schlafen. Es ist stickig im Raum, aber die Fenster können sie nicht aufmachen, denn es könnten Brandbomben oder etwas anderes hineinfliegen. Doch die nächsten Tage sind schön, ohne Zwischenfälle.

Nach eineinhalb Wochen darf Fari allein mit ihrer großen Schwester in der Nähe des Asylbewerberheims spazierengehen. Sie nimmt ihre Puppe mit. Die Puppe ist die einzige Freude und Tröstung, die sie hat. Beim Spazierengehen fühlt Fari sich einfach gut. Der Himmel ist so schön blau und die Vögel zwitschern. Auf einmal wird ihre Schwester unruhig. Sie hören Schritte hinter sich. Fünf oder sechs Männer erscheinen, die haben Lederjacken und Lederhosen an und Feuerzeuge in der Hand. Die Männer gehen immer schneller. Fari und ihre Schwester auch. Fari kann die Unruhe ihrer großen Schwester nicht begreifen. Sie weiß nicht, daß es auch Menschen gibt, die sie hassen. Jetzt beginnt Fari zu weinen.

Vor Schreck fällt ihr die Puppe aus der Hand. Doch die Schwester hält nicht an, sie geht mit Fari an der Hand noch schneller. Plötzlich werden sie von den Männern in die Enge getrieben. Die Männer zücken ihre Messer, machen ihre Feuerzeuge an und aus. Einer schreit: »Ihr Scheiß-Ausländer nehmt uns die Arbeitsplätze weg und nistet Euch bei uns ein.« Ein anderer stößt Faris Schwester zu Boden. Schrecklicheres will ich nicht schreiben. Fari ist nichts weiter passiert. Aber ihre Schwester blutet am Kopf und ihre Knie sind zerschunden.

Die Skins sind verschwunden. Alles ist still. Alles ist so wie vorher: Der Himmel ist blau und die Vögel zwitschern. Eins ist aber nicht so wie vorher. Das einzige Spielzeug, das Fari aus ihrem Land mitgebracht hat, ihre Puppe, konnte sie nicht wiederfinden.

So wie Fari und ihrer Schwester in meiner ausgedachten Geschichte geht es vielen Menschen, die hier Asyl suchen, in diesem Gewaltland Bundesrepublik Deutschland.

Trotzdem kommen die Menschen hierher, weil sie in ihren Ländern manchmal viel viel ärmer leben müssen. Ich finde den Ausländerhaß so fies und gemein. Vielleicht können ja die Politiker, die immer so viel darüber reden, endlich etwas gegen diese Ausländerfeindlichkeit tun.

Katrin Rothe, 11 Jahre
Ullersdorf (Brandenburg)

Eine Schreckens-Vision

Eines Nachts, als ich mit meinem Onkel nach Hause gefahren bin, mußten wir durch eine schäbige Straße fahren. Manche Leute traten uns gegen die Autotür. Sie sahen fürchterlich aus. Sie hatten überall Brandwunden vom Straßenkrieg. Sie hatten keine Medizin, noch nicht einmal ein Dach über dem Kopf.

Wir fuhren weiter. Je weiter wir fuhren, desto schlimmer wurde es. Leprakranke, Leute, die Pest und Krebs hatten, einem hingen die Augen aus dem Kopf, die Finger fielen ab, die Zähne fielen aus, sie sackten ganz einfach in sich zusammen. Und das nur, weil Krieg war. Als wir endlich herauskamen, schien die Sonne wieder, kein Kranker mehr.

Da sah ich einen Fernsehladen, der eine eingeschlagene Tür hatte. Da lief die Werbung für einen neuen Kinderfilm: »Gewalt macht Spaß«. Es geht in diesem Film um eine Familie, die seit Jahren terrorisiert wird. Man hatte ihren Hund aufgehängt, das Kaninchen zerfleischt ins Bett gelegt und den jüngsten Sohn gejagt. Aber das Schlimmste war, daß die Polizei nichts unternahm, weil die Familie arm war. Nachts schmiß man der Familie Steine durchs Fenster . Es war genau so, wie in der Straße, durch die wir gefahren sind.

Überall wird Gewalt gezeigt: Im Fernsehen, in Büchern, in Comics. Aber sieht man es in Wirklichkeit, läuft einem eine Maus über den Rücken. Und wenn man das sagt, wird man ausgelacht, denn die meisten Leute finden Gewalt lustig.

Kai Keller, 13 Jahre
Hörstel-Riesenbeck (Nordrhein-Westfalen)

Marcel Knechtel, 13 Jahre
Hohen-Neuendorf (Brandenburg)

Die Gewalt der Skinheads

Skinheads überfallen grundlos Leute im Auto, zünden Häuser an und verprügeln Ausländer. Sie haben schon viele Ausländer ermordet. Sie treten in großen Scharen auf und rufen: »Ausländer raus!«

Ich habe Angst, daß mir im Urlaub dasselbe passiert wie den Leuten, die hierher kommen. Auch Kinder aus anderen Ländern leiden unter der Gewalt der Skinheads. Sie alle haben schreckliche Angst, daß irgendwann das Haus, in dem sie wohnen, angezündet werden könnte.

Nadja Reuter, 10 Jahre
Meisburg (Rheinland-Pfalz)

Meerschweinchen mögen keinen Lippenstift

Mary ist ein Albino-Rosctten Meerschweinchen. Sie ist eines von ca. 300 Versuchstieren in diesem Labor. Das Labor testet Kosmetika wie zum Beispiel Lippenstifte, die neue supertotalspitzenmäßige Fältchenglättungscreme oder das grandiose neue Haarschampoo auf Hautverträglichkeit und mögliche Gesundheitsschädlichkeit. Das riesige Labor ist keimfrei und ganz in weiß gehalten. Jedes Versuchstier ist einzeln in einem winzigen Stall untergebracht. Überall kaltes Neonlicht, das in jeden Winkel dringt und keine Versteckmöglichkeit bietet. Hier gibt es Ratten, Zwergkaninchen, Hamster und Meerschweinchen. Mäuse sind in einem Nachbarraum untergebracht. Die Männer und Frauen, die hier arbeiten, haben jegliches Mitgefühl für die Tiere ausgeschaltet. Das müssen sie – das ist ihr Job. Mary »lebt« auch hier. Eigentlich ist sie nur die Nummer 59, mehr nicht. Nr. 59, anderthalb Jahre alt, 510 Gramm Gewicht, weiblich.

Man weiß vorher, was bei diesem Versuch herauskommen wird. Es wurde schon 24mal vorher getestet. Doch es muß noch an einem anderen Versuchstier ausprobiert werden. Nr. 59 ist der Idealfall. Mary wird an der Spritze erblinden. Die Angestellte im keimfreien weißen Kittel und mit Atemschutz vor dem Mund packt Nr. 59 am Genickfell und hebt sie aus dem Stall. Als Nr. 59 auf den plastbeschichteten Tisch gesetzt wird, beschnuppert sie neugierig ihre Umgebung. Um ihr eine Spritze in den Bauch geben zu können, müssen ihre Pfötchen gefesselt werden. In den Augen von Nr. 59 kann man das Weiße sehen. Die Nadel sticht ein. Zwei Stunden später wird Mary eingeschläfert – völlig blind. Das Laborteam freut sich: Der neue Super-Wahnsinns-Lippenstift ist ausgereift. Er kann auf den Markt …

Schweißgebadet wacht Angelika auf. Es ist dunkel im Zimmer. Mary, Angelikas Albino-Rosetten-Meerschweinchen, quiekt. Fast gleichzeitig klingelt der Wecker. »Ja, du bekommst dein Möhrchen, meine kleine Mary!« Während Angelika ihr Meerschweinchen füttert, versucht sie sich krampfhaft an ihren Alptraum zu erinnern. Es gelingt ihr nicht. Mary schnurpst genüßlich ihre Mohrrübe. Angelikas Mutter steckt den Kopf zur Tür herein. Sie verabschiedet sich mit einem dicken Kuß von ihr. »Heute sieht sie besonders toll aus«, denkt Angelika, »Woran das wohl liegt?« Ach ja! Sie hat den neuen Lippenstift aufgelegt. Mary putzt sich.

Katja Nündel, 13 Jahre
Leipzig (Sachsen)

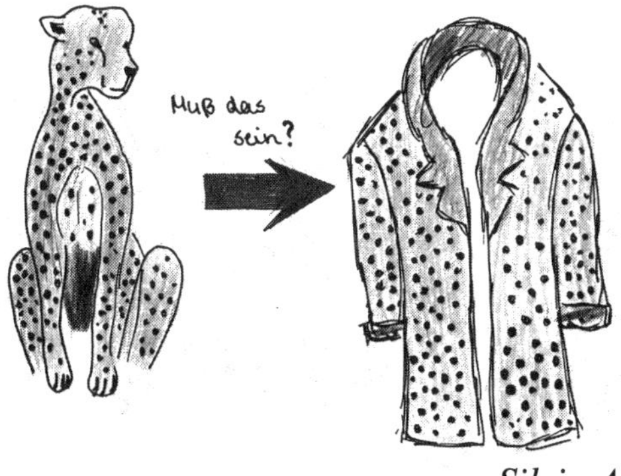

Silvia Annecke, 12 Jahre
Schmölln (Thüringen)

Hier leben die Stinkreichen

Gewalt ist auch, wenn ein sogenanntes Nutztier, zum Beispiel ein Schwein, von einem Tiertransporter in den nächsten am Schwanz gezogen wird, weil es selbst nicht mehr laufen kann. Denn es hat seit Tagen nichts mehr zu Fressen bekommen. Manche Leute fragen sich da noch: »Ja, wer macht denn so etwas? Wer stiftet denn dazu an?«

Die meiner Meinung nach richtige Antwort ist: »Der Mensch allein.« Denn er hat es geschafft, in cirka einem Jahrhundert die Welt in zwei Hälften zu teilen. Eine Hälfte ist dort, wo alle Stinkreichen leben. Sie leben nach diesem Motto: »Hauptsache, ich habe genug Geld!«

In der anderen Hälfte leben die Menschen, Pflanzen und Tiere, die von den Reichen ausgenutzt werden. Sie müssen nach dem Motto leben: »Wir müssen das Brot gerecht teilen, damit es langt.« Gegen manche Gewalt kann man sich wehren, aber gegen die Hungergewalt können sich die betroffenen Lebewesen nicht wehren. Ihnen muß geholfen werden.

Cristiane Köppler, 12 Jahre
Großenhain (Sachsen)

Einer schlug ihm die Krücke weg

Sie sah einen Opa mit nur einem Bein. Er war ganz allein. Sie sah auch Skinheads, vier oder fünf, die hinter ihm gingen. Das ist nicht schlimm, aber gelästert haben sie über ihn. Man sah, er hatte Angst. Er sagte zu ihnen: »Laßt mich in Ruhe. Laßt mich gehen. Was hab' ich euch getan?« Sie sagten nichts. Auf einmal schlug ihm einer die Krücke weg. Er fiel hin. Sie schlugen ihm ins Gesicht. Sie schlugen ihn überall. Er schrie. Er kreischte. Sie hörten nicht auf. Bis auf einmal alles still war und die Skinheads wegliefen.
Polizei kam. Und ein Krankenwagen.

Mandy Voigt, 13 Jahre
Schwerin (Mecklenburg-Vorpommern)

Es war einmal ein Baby, das hatte Hunger und weinte. Das hatte die Mutter genervt. Da hat sie das Baby verhauen. Das Baby mußte ins Krankenhaus. Das ist Gewalt, weil ein Baby sich nicht wehren kann.

Dorotee Wölm, 7 Jahre
Lohfelden (Nordrhein-Westfalen)

Frau Michel spricht über Ausländerfeindlichkeit

Murrad kommt aus der Türkei. Zu Beginn des neuen Schuljahres kommt er in die Klasse 7a. Dort wird er von der Klassenlehrerin Frau Michel seinen Klassenkameraden vorgestellt. Murrad setzt sich neben Christoph in die Bank. Christoph mag Murrad nicht, weil er der einzige Ausländer in der Klasse ist. Christoph bildet mit anderen Jungen aus der Klasse eine Clique. Sie ärgern Murrad immer in der Pause. Sie laufen ihm nach, nehmen ihm sein Schulbrot weg, ziehen an seiner Kleidung, schubsen ihn, beschimpfen ihn mit schlimmen Wörtern und beschmeißen ihn mit Äpfeln.

Luisa Scheerer, 10 Jahre
Rüsselsheim (Hessen)

Murrad ist traurig und weint. Daher kann er auch im Unterricht nicht mehr richtig aufpassen. Frau Michel bemerkt das und fragt ihn: »Was hast du denn, Murrad? Du bist unaufmerksam im Unterricht. Das merke ich doch.« Murrad antwortet: »Ein paar Jungs ärgern mich oft in der Pause.« Frau Michels sagt: »Nenne mir die Namen!« Aber Murrad schweigt.

Später, als Murrad wieder in der Pause geärgert wird, kommt gerade Frau Michels vorbei. Sie schimpft mit Christoph und seiner Clique. Diese verziehen sich. In der nächsten Stunde spricht Frau Michel mit der Klasse über Ausländerfeindlichkeit.

Am nächsten Tag, in der ersten Pause, bleiben einige Jungen in der Klasse. Es sind Christoph und seine Freunde. Sie zerreißen Murrads Hefte, schmeißen seine Stifte weg und zerstreuen den Inhalt des Ranzens. Nach der Pause kommt Murrad ins Klassenzimmer und sieht die Bescherung. Er muß sich zusammenreißen, daß er nicht anfängt zu weinen. Nach der Schule geht Murrad traurig nach Hause.

Luisa Scheerer, 10 Jahre
Rüsselsheim (Hessen)

Du kriegst eins auf die Nuß

Uschi ist in der Schule. Nach der ersten Schulstunde ist Pause. Da kommt plötzlich Sahra auf Uschi zugerannt.

»Du bekommst jetzt eins auf die Nuß!« schreit Sahra. Uschi schreit auf. Als sie wieder aufwacht, liegt sie im Krankenhaus. Was ist passiert? Ihre Mutter sitzt an ihrem Bett und erklärt: »Sahra hat dir ein Buch auf den Kopf geschlagen. Warum, weiß ich nicht.«

Ich meine, man sollte sich nicht schlagen. Lieber erst mal reden.

Christina Spill, 9 Jahre
Kreuztal 5 (Nordrhein-Westfalen)

Bei uns sind die Kinder auch nicht sicher

In Jugoslawien ist immer noch Krieg. Die Einwohner leben in Heimen und Zelten. Sie hungern und sind krank oder auch schwer verletzt. Deswegen sind sie auf fremde Hilfe angewiesen. Viele sind nach Deutschland gebracht worden, aber manche wollen ihre Heimat nicht verlassen. In Jugoslawien sind schon viele getötet worden, auch Kinder, die für diesen Krieg nichts können. In Deutschland sind die Kinder auch nicht sicher, da es bei uns ausländerfeindliche Hooligans gibt, die Asylantenheime in Brand stecken.

Ich finde, so ein Krieg ist grausam und bringt nichts. Ich wünsche mir, daß alle Menschen auf der Erde gemeinsam glücklich leben können!

Melanie Wildanger, 9 Jahre
Hofheim (Bayern)

Es wird einem schlecht

Zum Glück ist an mir noch keine Gewalt ausgeübt worden. Aber in der Zeitung stand schon so viel. Zum Beispiel, daß eine Mutter ihr Kind eingesperrt und nur mit Vogelfutter gefüttert hat. Oder daß der Vater seinem vierjährigen Sohn, weil er irgend etwas kaputt gemacht hatte, im Keller beide Hände abgehackt hat. Wenn ich so etwas lese, läuft es mir kalt den Rücken hinunter und ich stelle mir dann immer vor, wie man so etwas gemeines nur fertigbringen kann. Ich verstehe einfach nicht, wie man sein eigenes Kind so schlecht behandeln kann oder es für den Rest seines Lebens zerstören kann.

Nicht nur Gewalt gegen Menschen ist schlimm, sondern auch gegen Tiere. Wie viele Tiere werden das Jahr über geschlagen, für Versuche benutzt oder kommen nach tagelangen Fahrten mit dem Tiertransporter um. Gewalt gegen Tiere auszuüben, finde ich vielleicht sogar ein wenig schlimmer, weil Tiere sich dem Menschen gegenüber nicht im geringsten wehren können. Überall wo es seltene Tiere gibt, zum Beispiel Elefanten mit ihrem wertvollen Elfenbein, da sind automatisch die Wilderer zur Stelle. Ich habe Bilder in der Zeitung gesehen, da wird es einem schlecht. Das ist doch nicht mehr normal! In der Natur regelt sich alles von selbst, ein Tier frißt das andere und dadurch bleibt die Tierwelt im Gleichgewicht. Das Tierschinden muß unbedingt aufhören! Auch die Tiere haben ein Recht zu leben.

Es gibt noch andere Formen von Gewalt, zum Beispiel in Filmen. In Horrorfilmen kann zwar Gewalt sein, sonst wäre es schließlich kein Horrorfilm. Aber warum gibt es überhaupt solche Filme? Sie sind doch völlig sinnlos. Solche Filme verleiten manche dazu, selbst zu morden, weil in den meisten dieser Filme die Gewalt verherrlicht wird. Aber nicht nur in Horrorfilmen, sondern auch in Trickfilmen wird sehr viel Gewalt angewendet. Das muß aufhören!

Birgit Fiedler, 12 Jahre
Mittelbach (Sachsen)

Die schlimmste Art der Gewalt ist der Krieg

Die schlimmste Art der Gewalt ist der Krieg. Jeden Tag hört man in den Nachrichten von dem Bürgerkrieg in Jugoslawien. Die Menschen bringen sich gegenseitig um und hassen sich. Es herrscht Hungersnot und viele Menschen sind obdachlos.

Kann man dem nicht aus dem Weg gehen oder das Problem friedlich lösen? In Kuwait und im Irak geschah das gleiche wie in Jugslawien. Man muß nicht immer Gewalt anwenden. Es geht auch anders.

Björn Mecke Breitenberg, 12 Jahre
Duderstadt (Niedersachsen)

Ein blauer Fleck heilt wieder

Seelische Gewalt ist in meiner Sicht die schlimmere Gewalt, denn sie hinterläßt mehr als nur einen blauen Fleck oder eine Prellung. Diese Gewalt hinterläßt Spuren, im schlimmsten Fall Selbstmord. Der Normalfall ist, daß sich ein Betroffener seelisch zurückzieht, so daß man vielleicht echten Freunden keine Chance mehr gibt. Und es ist ein lustloses Dasein, das sich gegen alles und jeden abschirmt.

Clemens Seifert, 12 Jahre
Hörstel Riesenbeck (Nordrhein-Westfalen)

Mehmet sitzt in seinem Zimmer

Mehmet sitzt allein in seinem Zimmer. Er denkt darüber nach, warum er keine Freunde hat. Alle sehen in ihm den Ausländer. Er traut sich nicht mehr auf die Straße. Er hat Angst vor den Jugendlichen, die seinen Bruder, den 14jährigen Zafer, zusammengeschlagen haben. Zafer ist jetzt mit der Mutter beim Arzt. Mehmet wünscht, seine Eltern wären nie nach Deutschland gekommen. Aber in der Türkei gibt es zu wenig Arbeit. Sein Vater ist Bauarbeiter. Er schuftet schwer und verdient nicht viel.

Am liebsten will Mehmet im nächsten Jahr nicht in die Schule gehen. Er ist von Deutschland enttäuscht, das seine Illusionen von einer besseren Welt kaputtgemacht hat. Zum Glück hat er Zafer und Chengül, seinen Bruder und seine Schwester, die ihm immer helfen und ihn immer trösten. Wenn Mehmet groß ist, will er Politiker werden und Ausländerhaß bekämpfen.

Jetzt kommt Chengül nach Hause. Sie begrüßt ihn und fragt: »Ist Zafer da?« »Nein, er ist mit Mama zum Arzt gegangen. Die deutschen Jungen aus seiner Klasse haben ihn geschlagen. Er hat einen geprellten Arm, ein blaues Auge und eine blutige Nase.« Chengül sagt: »Ich hasse die Deutschen, sie sind so gemein. Heute haben mir zwei Jungen aus meiner Klasse mein Tuch vom Kopf gerissen, es in eine Pfütze geworfen, mit ihren Füßen darauf getrampelt und dabei gelacht.«

Die Geschwister gehen in die Küche, holen türkisches Brot, Schafskäse und Gemüse und machen das Abendessen. Dann kommen die Eltern und Zafer nach Hause. Zafer hat einen dicken Gips an seinem Arm. »Es ist nicht mehr so schlimm«, sagt er und grinst, »ich werde wohl drei Tage zu Hause bleiben müssen.« Chengül berichtet von dem Vorfall mit ihrem Tuch. Der Vater schimpft: »Zuerst haben uns die Deutschen in ihr Land geholt, damit wir ihre Drecksarbeit machen sollen, weil sie zu wenig Arbeiter hatten. Und jetzt wollen sie uns abschieben, damit ihre Jugend die Arbeit kriegt. Doch die werden das nicht machen, weil sie sich zu fein dazu fühlen.«

Christina Scherer, 12 Jahre
Augsburg (Bayern)

Nicole Wagner, 9 Jahre
Potsdam (Brandenburg)

Gift im Wasser und in der Luft

Gewalt ist nicht immer nur verprügeln. Sie kann uns auch ganz anders begegnen. Zum Beispiel die Gewalt gegen die Natur. Jeder schmeißt mal ein Kaugummipapier auf die Wiese, aber was ich viel schlimmer finde, ist, wenn große Betriebe ihren Qualm ungefiltert in die Luft lassen, die wir atmen. Oder die Rohre, die versteckt in einen kleinen Waldbach oder einen Fluß führen und Dreck und Gifte in das Wasser bringen. Das ist alles Gewalt.

Wenn man den Regenwald abholzt, nur um edles Holz zu haben und damit Geld zu verdienen. Man hat bestimmt schon bemerkt, daß sich dadurch das ganze Klima verändert. Und man denkt gar nicht, daß das alles Gewalt ist.

Gewalt gibt es auch an der Schule. Nicht, daß sich die Schüler immer mehr verprügeln, nein, sie beschimpfen sich mit Wörtern wie »Arsch«, »Arschloch« oder »Du Homo«. Die Schüler, die diese Wörter in den Mund nehmen, wissen meist nicht einmal, was sie bedeuten. Wenn sie einen anderen Schüler damit beschimpfen, dann bewirken diese Wörter fast das gleiche wie Verprügeln. Sie fühlen sich dann meistens als die Größten, wenn sie kleinere unterdrücken können. Diese Typen sollte man gar nicht beachten.

Matthias Schneider, 12 Jahre
Erfurt (Thüringen)

Die Bäume haben keine Nadeln mehr

An einem Wochenende bin ich mit meinen Eltern mit dem Auto in die CSFR gefahren. Als wir auf dem Erzgebirgskamm angekommen waren, sah ich, daß sehr viele Bäume im Wald keine Nadeln mehr hatten. Sie waren richtig gespentisch gegenüber den schönen grünen Nadelbäumen eines Waldes, die ich bisher gesehen habe. Meine Eltern sagten mir, daß diese Bäume durch die Luftverschmutzung geschädigt worden sind. Und daß sie durch falsches Handeln der Menschen krank geworden sind. Ich war darüber sehr enttäuscht, was die Menschen der Natur rücksichtslos für einen Schaden zufügen können!

Bianca Scholz, 12 Jahre
Sörnewitz (Sachsen)

Was ist Gewalt?

Wenn man sich prügelt, weil man sich uneinig ist, wenn man sich das Zeug kaputt macht, dann ist das Gewalt. Es kommt dazu, indem man sich gegenseitig ärgert, an den Haaren zieht, sich streitet oder Lügen über den anderen erzählt. Wenn einer den anderen verprügelt und ihn verletzt, so ist das schon ziemlich gewalttätig. Es ist schrecklich, wenn so etwas passiert.

Tanja Schöpper, 12 Jahre
Ibbenbühren (Nordrhein-Westfalen)

Daniel Lucht, 11 Jahre
Neumünster (Schleswig-Holstein)

Die Menschen machen mit Gewalt alles kaputt

Ich habe Angst, daß meine Kinder nicht mehr richtig auf dieser Welt leben können. Sie leben dann in großen durchsichtigen Hüllen, weil die Umwelt total verseucht ist und es keine Bäume, Wälder und Meere mehr gibt. Die Sonne brennnt dann so heiß, daß es keiner mehr draußen aushält. Meine Kinder müssen wahrscheinlich in Schutzanzügen und Gasmasken in die Schule und zum Spielen gehen.

Wir ersticken bald im Müll, den wir selber verursachen. Und darum müssen dann die Tiere sterben, mit denen ich heute noch spiele, die ich füttere und streichle. Meine Kinder und Enkelkinder schauen sich Bilder und Videos an, wie es mal hier auf unserer Erde war.

Aber in dieser Zeit, in der ich heute lebe, habe ich auch fürchterliche Angst. Um meine Familie, vor Aids, der schrecklichen Krankheit. Angst vor Drogen, Sexualverbrechen, Alkohol, Zigaretten, Gewalt, Spielsucht, Kriminalität, Ausländerfeindlichkeit, Babys klauen, Krieg in anderen Ländern. Die täglichen Angriffe auf Asylanten bereiten mir auch Angst. Für alle diese schlimmen Verbrechen müßte man sich viel härtere Strafen ausdenken. Viele Menschen sterben wegen der Gewalt und der Sinnlosigkeit auf der Erde. Das alles muß nicht sein. Die Menschen machen all das mit Gewalt kaputt, was sie sich mit Mühe und Not aufgebaut haben.

Stephanie Wiegand, 11 Jahre
Unterbreizbach (Thüringen)

Ich habe Angst

Gewalt? Was ist das eigentlich? Ich schließe die Augen und denke darüber nach. Es fällt mir schwer. Ich denke an eine Armee – Soldaten mit schweren Schritten – Gleichschritt. Ich spüre den Takt. Ich spüre das Beben bei jedem Auftritt der schweren Stiefel. Sie marschieren weit weg, bis ich sie nicht mehr höre.

Jetzt höre ich einen dumpfen Schrei. Er kommt immer näher. Er wird immer deutlicher. Es ist ein Mann, der von glatzköpfigen Jugendlichen zusammengeschlagen wird. Sie jubeln dabei. Das dumpfe Schreien verstummt. Ist er tot?

Ich höre Musik. Starke, kraftvolle, unruhige Musik. Die Instrumente kann ich nicht erkennen, aber die Noten, die sehe ich deutlich vor mir. Das Notenbild besteht aus dicken, schwarzen Noten mit vielen Pausen, Strichen und Punkten. Jede Note bebt, sobald sie ertönt.

In diese Musik mischt sich lautes Motorengeräusch. Immer näherkommende Fahrzeuge, lautes Hupen. Und mittendrin stehe ich und weine, habe Angst. In diesem ganzen Gemenge höre ich noch die lauten Taktschläge der Musik. Sie erinnern mich an die Soldaten. Alles kommt wie eine schwere Kugel auf mich zugerollt, kommt näher, näher. Dann Stille.

Diese Stille ist beängstigend. Ich lausche. Warte, was kommt. Ich sehe die Farbe schwarz. Mitten im Schwarz ein helles Leuchten, das näher kommt, größer wird, immer größer. Ich habe Angst. Aber wovor? Auf einmal verschwindet alles. Das Leuchten. Das Schwarz. Alles ist weg. Bin ich eingeschlafen?

Dörte Teichert, 13 Jahre
Wismar (Mecklenburg-Vorpommern)
(siehe Bild Seite 6)

3. Kapitel

Einige müßten mal kräftig ihren Hintern bewegen

Was kann man tun? Ist die Gewalt zu stoppen? Im Gegensatz zu vielen Erwachsenen sind die Kinder ständig auf der Suche nach Erklärungen, wie es überhaupt zu so furchtbaren Ausschreitungen kommen konnte und kann. Denn sie hoffen: Wenn man die Ursachen kennt, lassen sich Auswege finden. Sich zusammensetzen, reden, Verständnis haben, könnte schon viel helfen – aber es reicht bei weitem nicht aus. Politiker sollen endlich handeln, heißt ihr verzweifelter Appell.

Man könnte sich zusammensetzen

Ich wünsche mir wirklich eine Welt ohne Gewalt. Dazu muß ich sagen, ich bin auch nicht sehr fromm. In meiner Klasse gibt es ein Mädchen, das ist ziemlich eklig. Mit diesem Mädchen habe ich mich oft in den Haaren. Eine Welt ganz ohne Gewalt wird es wohl nie geben. Aber um den ganzen Fummel mit Gewalt etwas zu verringern, müßten einige mal kräftig ihren Hintern bewegen. Man könnte Jugendclubs bauen. Natürlich darf das nachher nicht nur so ein Saufladen werden. Es könnten sich Ausländer und unsere Leute zusammensetzen, über Probleme reden, sich kennenlernen und etwas zusammen unternehmen.

Katrin Stegemann, 12 Jahre
Neubrandenburg (Mecklenburg-Vorpommern)
(siehe Bilder Seite 2 und 9)

Das Geld abschaffen!

Fast jeden Tag begegnet mir Gewalt und ich kann es nicht verstehen. Zum Beispiel die Randale in Rostock gegen Ausländer. Ich wollte zwar gern, daß unsere Stadt einmal berühmt wird und ins Fernsehen kommt, aber nicht so.

Was können die Ausländer dafür, daß sie auf der Wiese vorm Asylantenheim schlafen müssen. Sie hätten auch lieber ein Haus im Grünen! Ich finde, es gibt keinen Grund für Gewalt. Schlimm fand ich auch, daß viele die Randalierer angefeuert haben.

Meine Mutter war von einigen Bekannten sehr enttäuscht und sagte: »Es ist gar nicht mehr schön in Rostock.« Mich stört aber auch, daß nun alle Rostocker beschimpft werden.

Sehr traurig macht mich auch Gewalt gegen Tiere. Einmal ging ich zur Bibliothek. Da sah ich, wie ein Junge eine Katze mit einem großen Stein bewarf. Sie blutete sogar schon. Da wollte ich wütend eingreifen, doch da er sehr kräftig war, brachte er mich dazu, daß ich wegging. Von anderen Schülern hörte ich, daß er Fliegen die Beine ausreißt und Hunden und Katzen auf den Schwanz trampelt. Vielleicht wird er ja von seinen Eltern mißhandelt und läßt deswegen seinen Kummer an den Tieren aus.

Ich befürchte, daß es immer mehr Gewalt geben wird. Im Fernsehen und im Straßenverkehr merke ich das schon. Auch fällt mir auf, daß wir in der Schule kaum noch vernünftig miteinander reden können. Gleich wird gebrüllt oder sogar geschlagen. Ich glaube, das liegt daran, daß die Menschen nicht richtig leben und nicht glücklich sind. Alle streben nur nach Geld und haben deswegen keine Zeit, anderen zu helfen oder einfach die Natur zu genießen. Vielleicht wäre es besser, wenn man das Geld abschaffen würde.

Tilo Elgeti, 10 Jahre
Rostock 27 (Mecklenburg-Vorpommern)

Blödmann, Ochse und Sau

Sebastian und David waren Feinde. Wenn sie sich begegneten, streckten sich beide die Zunge heraus. Eines Tages gingen beide aufeinander zu. Die Klasse der beiden stimmte für David. Aber dann kam die Hofaufsicht und die beiden mußten zum Direktor. Er fragte: »Könnt ihr euch nicht benehmen?«
David stotterte: »Wir ..., wir können uns nicht leiden.«
Sebastian sagte: »Der ..., der Blödmann hat angefangen!«
David rief: »Du warst der, der angefangen hat! Du alter Ochse!«
Sebastian schrie: »Schwein!« David schrie zurück: »Wenn ich das Schwein bin, bist du die Sau!«

»Hört auf«, rief der Direktor. Die beiden schauten sich lange in die Augen. Die Schulsekretärin war total geschockt. Aber plötzlich fragte David: »Wollen wir wieder Freunde sein? Wie in der ersten Klasse?«

Sebastian sagte: »Okay. Schon gut.« Und so wurden sie wieder Freunde und konnten sich gut leiden.

Dorina Nicoletta Halke, 10 Jahre
Postl/Postdam (Brandenburg)

Tilo Elgeti, 10 Jahre
Rostock 27 (Mecklenburg-Vorpommern)

Toll, daß einige für Ausländer sind

Die Gewalt verfolgt uns, seitdem wir Ausländer hierher nach Deutschland kamen. Erst rufen sie uns und nun verjagen sie uns wie Fliegen auf die schlimmste Art und Weise. Was können die Menschen dafür, daß sie in ihrer Heimatstadt keine Arbeitsstelle kriegen? Oder sogar gefoltert werden? Was ist mit den Asylanten, die aus ihrer Heimatstadt hierherfliehen und nun wieder zurückgeschickt werden? Was soll aus den Kindern, vielleicht auch Babys, der Asylanten werden, die vielleicht bis an ihr Lebensende gefoltert werden?

Das sind alles Fragen, auf die die Politiker zwar Antworten, aber keine Auswege geben können.

Unter Gewalt verstehe ich nur eins: Deutsche gegen Ausländer!

Sie verfolgen dich, wo du auch bist: In der Schule, draußen beim Spielen, in der Stadt. Einfach überall. Wenn du draußen in der Stadt herumgehst, siehst du, wie Jugendliche scharf auf Ausländer gucken. Sie gucken dich an, verprügeln dich oder sonstiges dieser Art. Man könnte in einen Selbstverteidigungskurs gehen, aber das bringt auch nicht viel. Also bleibt nur noch, daß die Politiker etwas unternehmen. Aber so schnell wie möglich – bevor noch andere Menschen sterben müssen.

Ich verstehe das alles nicht. Die Deutschen kommen in ein Ausland, um Urlaub zu machen und werden, wie ich gehört habe, fantastisch behandelt. Dann sind die Deutschen auch für uns Ausländer. Was kann denn ein Ausländer dafür, daß er nicht Deutscher ist?

Mensch ist Mensch. Oder?

Was man gegen Ausländerhaß unternehmen kann, kann ein zwölfjähriges Kind nicht entscheiden. Denn bis jetzt ist nichts geschehen, was die Kinder sich gewünscht haben, zum Beispiel bei der Umwelt, bei Spielplätzen ...

P.S. Ich finde es echt toll, daß einige Deutsche f ü r Ausländer sind.

Yildiz Kilic, 12 Jahre
Hagen 1 (Nordrhein-Westfalen)

In Deutschland
wird uns kein Unrecht geschehen

Gewalt ist nicht nur überall. Gewalt ist, wo man haßt. Ob in Jugoslawien oder anderswo – Gewalt ist immer gegenwärtig. Das spürt der Hund, der Schläge kriegt. Das kennt die alte Frau: Sie weiß genau, was im Krieg geschah. Denn diese Bilder vergißt sie nicht. Sie wird sie niemals los. Ihr Haus in Trümmern, ihr Mann vermißt und immer wieder fragt sie sich, warum ist Töten und Töten nicht dasselbe. Warum stellt man es in Uniform noch zur Schau? So fragt sie sich und weiß genau, sie wird darauf keine Antwort finden. Denn Gewalt ist unausrottbar. Sie ist so schlimm wie Pest. Doch Medizin dagegen gibt es nicht. So flüchten viele Asylanten vor Folter, Krieg und Not. Deutschland ist ihr ersehntes Land. Kein Krieg tobt an der nächsten Ecke, keine Todesstrafe wird verhängt. Und hungern braucht keiner – das haben sie im Fernsehen gesehen. Und sie dachten: In Deutschland wird uns schon kein Unrecht geschehen. So war es noch vor vielen Jahren, als alle noch so friedlich waren. Doch jetzt durch Deutschland schleicht der Haß. Ausländerfeindlichkeit wird er genannt. Das haben die Politiker auch schon erkannt. Rostock, Hoyerswerda, was für ein Grauen! Und schrecklich, wie viele Menschen zuschauen. Feuern die Schläger auch noch an, und das in einem zivilisierten Land! Gewalt von rechts ist eine schlimme Sache und keiner tut was dagegen. Die Politiker denken wohl: Damit müssen wir leben. Überlegt mal – müssen wir das wirklich?

Sönke Eikermann, 14 Jahre
Elmshorn (Schleswig-Holstein)

Ein Traktor hat keine Augen

Neben meinem Haus ist eine Wiese, die war so schön, daß man Versteckspielen konnte und noch andere Sachen. Außerdem war es ein Naturschutzgebiet, weil es dort seltene Pflanzen und ruhige Plätze für die Vögel gibt. Doch sie haben die Wiese mit einem Traktor abgemäht!

Uns Kindern hat das gar nicht gepaßt. Wir sind noch am selben Tag losmarschiert und haben Unterschriften gesammelt. Die haben wir dann unserem Herrn Direktor gegeben und er hat dann die Leute im Rathaus angerufen.

Die sind dann zu uns gekommen. Wir haben aufmerksam zugehört und natürlich gesagt, daß die Wiese ein Naturschutzgebiet ist. Sie haben uns erzählt, daß dort früher Schafe das Gras abgefressen hätten. Weil dort aber so viele Sumpflöcher waren, sind die Schafe hineingetreten. Deshalb haben die Schäfer ihre Schafe woanders fressen lassen. Und deshalb wurde jetzt die Wiese mit einem Traktor gemäht. Weil der aber keine Augen hat, hat er alle Vogelnester und die seltenen Pflanzen kaputt gemacht.

Ich finde das gemein und wünsche mir, daß die Erwachsenen mehr Rücksicht auf die Natur nehmen.

Ramona Roi, 10 Jahre
Berlin (Berlin)

Keine Rücksicht auf Kinder

Wenn ich im Fernsehen sehe, wie viele Asylantenheime von sogenannten Neonazis angesteckt werden, tun mir die Menschen, die darin wohnen, sehr leid. Es sind meistens Leute aus anderen Ländern, die zum Beispiel wegen Krieg oder weil sie kein Geld für eine Wohnung haben, in so ein Heim gekommen sind. Ich kann nicht verstehen, wieso sie von einigen Menschen so gehaßt werden!

Es sind auch einige Türken darunter. Soviel ich weiß, ist die Türkei ein beliebtes Urlaubsland. Mein Papa war schon zweimal in der Türkei. Er hat mir erzählt, daß die Leute dort sehr gastfreundlich sind. Sie haben ihn wie einen Freund behandelt – nicht wie einen unbeliebten Ausländer.

Mein Papa arbeitet bei Airbus. Diese Flugzeuge werden in die ganze Welt verkauft. Zum Glück haben diese Menschen nichts gegen Ausländer, sonst würden keine Flugzeuge verkauft und mein Vater wäre vielleicht arbeitslos.

Ganz besonders betroffen bin ich, wenn ich sehe, daß junge Männer Brände in Häusern legen, in denen Flüchtlinge wohnen. Die Flüchtlinge brauchen Unterstützung und keine Abneigung. Diese Menschen haben ihre Heimat verlassen. Ich kann mir vorstellen, daß es sehr weh tut, alles aufgeben zu müssen.

Am schlimmsten betrifft es bestimmt die Kinder, denn sie hatten in ihrem Heimatland Spielgefährten und Verwandte, die sie lieb hatten. Jetzt sind sie in Deutschland und müssen sich hinter Zäunen verstecken. Sie dürfen oft nicht aus dem Haus, weil ihre Eltern Angst um sie haben.

Die Randalierer nehmen keine Rücksicht auf Kinder. Es scheint ihnen nichts auszumachen, daß Menschen in den Bränden, die sie legen, umkommen könnten.

Ich kann mir nicht vorstellen, was Menschen so weit bringt, so gewalttätig zu sein! Wir Kinder sind die Schwächsten. Wir können uns gegen Gewalt nicht wehren. Die Erwachsenen müssen uns beschützen. Viele Ausländer verlassen bestimmt ihre Heimat, um ihre Kinder zu beschützen. Ohne Gewalt gibt es mehr Liebe für uns Kinder.

Jessica Preis, 10 Jahre
Speyer (Rheinland-Pfalz)
(siehe Bild Seite 1)

Die Welt muß den Krieg stoppen

Die Gewalt auf dem Balkan ist nicht zu bremsen. In den Ferien bin ich nach Kroatien gefahren – und was habe ich dort gesehen, erlebt und gehört! Das ist ein Wahnsinn, oder besser gesagt, ein Alptraum. Die Natur ist zerstört. Häuser, Schulen, Kirchen, Kindergärten, Krankenhäuser sind dem Boden gleichgemacht. Menschen sind verwundet, besonders Alte und Kinder, sind ohne Beine und Hände. Sie irren draußen unterm Himmel umher, sind hungrig und schwach. Ihre Augen beobachten mich, aber ihre Blicke sind stumm und ohne Reaktion. Tiere lagen noch in den Gräben und neben der Straße, tot und verwest.

Unterwegs sieht man hin und wieder UNO-Wagen und Soldaten. Aber, wie es scheint, berühren diese Bilder sie nicht besonders. Ich habe mich oft gefragt: Wer kann solche Grausamkeit machen? Ein normaler Mensch bestimmt nicht. Das können nur Barbaren oder Monster.

Jetzt kommt der Winter und die Menschen sind ohne Dach über dem Kopf, ohne Essen, ohne Kleidung. Wie werden sie überleben? Die Welt muß den Krieg stoppen! Die Gewalt muß aufhören!

Antonio Avramidis, 12 Jahre
Wilhelmshaven (Niedersachsen)

Fragen, Fragen, Fragen

An einem Donnerstagmorgen im Oktober ging Katrin in die Küche zum Frühstücken. Dort saßen schon ihre Eltern. Sie unterhielten sich, wie immer. Katrin strich sich ein Honigbrot und horchte dann auf. Der Vater sagte gerade: »Es gibt wirklich immer mehr Gewalt. In der Zeitung liest man davon, im Radio hört man davon und im Fernsehen sieht man es auch noch.« Die Mutter fügte seufzend hinzu: »Ja, wenn das nicht bald aufhört, wird es zu einem großen Problem.« Katrin fragte: »Was meint ihr damit?« Der Vater begann zu erklären: »Also, das ist so…« Sein Blick wanderte zur Uhr. Er rief: »Um Himmels willen, ich muß ja los. Wir haben ja schon halb acht!« Schnell sauste er zur Tür.

Nun wollte Katrin endlich eine Antwort auf ihre Frage haben. Aber die Mutter fiel ihr ins Wort: »Du mußt dich auch beeilen.« Katrin sagte zu sich selber: »Na, wenn die Eltern keine Zeit haben, frage ich eben jemand anders.« Sie hatte den Entschluß gefaßt, jeden zu fragen, der ihr über den Weg lief, was er zu Gewalt meinte. Ja, es war sogar besser, von vielen die Antwort zu wissen, als nur von zweien.

In der Schule beobachtete Katrin in der großen Pause, wie sich zwei Jungen prügelten. Schnell kam eine Pausenaufsicht herbei und rief wütend: »Könnt ihr nicht aufhören!« Murmelnd fügte sie hinzu: » Es gibt immer mehr Gewalt in dieser Schule. Das wird mal zum Problem.« Sofort rannte Katrin hinter der Lehrerin her. Doch leider war die Pause jetzt zu Ende. In der nächsten Pause traf sie dieselbe Lehrerin auf dem Flur wieder. Man sah ihr an, daß sie es eilig hatte. Trotzdem lief Katrin zu ihr und fragte: »Stimmt es, was sie vorhin gesagt haben? Das mit der Gewalt?« Die Lehrerin sah sie fragend an. Katrin holte tief Luft und sagte: »Vorhin in der großen Pause, als sich zwei Jungen geprügelt haben, da haben Sie gesagt, daß es immer mehr Gewalt gibt. Und da ich über Gewalt viele Fragen habe, wollte ich…« Katrin überlegte kurz und sagte dann: »Warum gibt es eigentlich Gewalt?« Die Lehrerin fing an: »Gewalt ist, ähm …« Da läutete die Schulglocke. Die Lehrerin war erleichtert und sagte: »Jetzt muß ich echt weiter und du mußt auch in deine Klasse.« Und schon war sie im Gewühl verschwunden. Katrin war etwas enttäuscht. Im Klassenzimmer notierte sie sich alles auf ihrem Notizblock.

An diesem Tag fragte sie noch viele Leute. Den ganzen Nachmittag ging sie spazieren, um Leute zu fragen, was sie von Gewalt verstanden. Dann kam sie erschöpft und traurig nach Hause. Sie hatte wirklich viele Leute gefragt: Kranke, alte, junge, behinderte, traurige, fröhliche, schöne, häßliche und viele mehr. Doch sie war nicht klüger geworden. Die meisten, die sie fragte, schauten sie nur komisch an und gingen dann schnell weiter. Ein paar ließen sich auf ein Gespräch ein, merkten dann bald, daß Gewalt ein kompliziertes Thema war und brachen dann ab, indem sie sagten, daß man sich über so etwas Kompliziertes gar keine Gedanken machen sollte. Die wenigen, die

Katrin eine Antwort gaben, sagten ihr etwas, was sie schon längst wußte.

Am Abend legte sich Katrin unzufrieden ins Bett. Als die Mutter kam, sagte sie: »Du wolltest doch noch etwas mit mir besprechen!« Und so erzählte Katrin ihr alles, von der Frage beim Frühstück bis zu den Fragen an die vielen Leute. Die Mutter sagte: »Ich werde versuchen, es dir zu erklären. Also: Gewalt kann vieles sein und deswegen ist es leicht, viele Arten von Gewalt aufzuzählen. Schwieriger ist es, sie zu beschreiben. Gewalt ist nicht unbedingt etwas Bösartiges. Und man wird nie gewalttätig, ohne einen Grund zu haben. Wenn jemand gewalttätig wird, ist er in einer Situation, aus der er sich nicht anders herauszuhelfen weiß.« Katrin fragte: »Und was kann man dagegen tun? Wie findet man einen Ausweg?«

»Am besten ist es, dann gleich mit jemandem über sein Problem zu reden und es nicht erst zu groß werden zu lassen«, meinte die Mutter. Katrin hatte noch eine Frage: »Du hast doch gesagt, daß es immer mehr Gewalt gibt. Warum?« Die Mutter antwortete: »Ich weiß nicht, ob es immer mehr Gewalt gibt. Manchmal sagt man das aus der Bestürzung heraus. Gewalt gab und gibt es schon immer, aber ich denke, in geringem Maß vermehrt sie sich doch. Etwas erscheint mir besonders wichtig: Gewalt ist nie ohne Grund!« Sie gab Katrin noch einen Kuß und ging dann ins Wohnzimmer. Zum Vater sagte sie: »Wenn jeder sich so wie Katrin um Gewalt kümmern würde, würde sich dieses Problem auch lösen.«

Vanessa Renner, 11 Jahre
Mainz (Rheinland-Pfalz)

Nicole Haker, 11 Jahre
Oberkochen (Baden-Württemberg)

Döner Kebab und Tiramisu

Zum Nachtisch süßes italienisches Tiramisu. Davor zum Puszta-Steak den französischen Beaujolais für Mutti. In der Mittagspause schnell einen heißen Döner Kebab vom Türken oder einen Big Mac vom Amerikaner.

Warum ich hier vom Essen rede? Weil es ein gutes Beispiel ist. Es zeigt, daß wir ohne die Ausländer, die hier bei uns leben und arbeiten, auf eine ganze Menge schöner Dinge verzichten müßten. Auch auf viel Musik, beispielsweise Dr. Alban, David Hasselhoff, Roxette, Kris

Kross und so weiter. Fest steht, die Ausländer können nichts für unsere Probleme wie Wohnungsnot, zu hohe Mieten, keine Arbeit und so weiter.

Wenn ich im Urlaub in ferne Länder fahre – und das möchte ich gern – dann wünsche ich mir, daß ich als Deutsche akzeptiert werde und schöne Urlaubstage erleben kann. Ohne Angst zu haben, als Ausländer beschimpft zu werden. Darum macht es mich traurig, wie hier bei uns die Ausländer behandelt werden.

Bianka Fetscher, 13 Jahre
Magdeburg (Sachsen-Anhalt)

Wir brauchen Jugendclubs

Ich wohne in einem großen Neubaugebiet, in dem es außer ein paar Tischtennisplatten und einem Sandkasten keine Möglichkeiten zur Freizeitgestaltung gibt. Dadurch entsteht Frust. Die Jugendlichen schließen sich zu Gruppen zusammen, rechte oder linke, und die beiden Gruppen prallen wegen ihrer verschiedenen Meinungen aufeinander, sobald sie sich treffen. In einem Gebiet wie bei uns stehen die Häuserblöcke dicht an dicht. Viele Häuser sind mit Ausländern belegt. Hauptsächlich sind es Wolgadeutsche und Vietnamesen. Die Ausländer wollen die gleichen Rechte wie wir Deutschen. Dadurch sind wir oft geneigt zu sagen, die Ausländer nehmen uns Wohnungen und Arbeit weg. Die Deutschen sind verbittert über ihre eigene Lage. Das lassen sie an den ihnen Unterlegenen aus. Doch die Ausländer haben meistens gar nichts mit den Problemen der Deutschen zu tun.
Kann man denn gar nichts gegen diese Form der Gewalt tun?
Bei uns haben Bürger einmal die Initiative ergriffen, als ein Heim mit Wolgadeutschen angegriffen wurde. Sie stellten sich schützend vor das Wohnheim und verteidigten die Ausländer. Doch könnte auch ich etwas tun? Ich kann nur versuchen, positiv auf meine Freunde einzuwirken,

von denen viele rechts denken. Es würde auch schon viel helfen, wenn in unser Gebiet ein paar Jugendclubs oder Freizeitcenter kommen würden.

Ulrike Wittke, 13 Jahre
Chemnitz (Sachsen)

Die Politiker sollen mehr tun

Schon wir Kinder können etwas gegen Gewalt tun, zum Beispiel: Wir müssen uns nicht mit solchen Wörtern wie »Arsch« anbrüllen oder uns mit Fußtritten treten. Es wäre besser, wenn wir unsere Meinung in ruhigem Ton sagen und uns zuhören. Ganz schlecht finde ich Ausländerhaß. Ausländer sind Menschen wie du und ich. Wenn wir in den Urlaub fahren sind wir auch Ausländer, werden aber als Gäste gut behandelt. Es müßten alle Menschen der Welt Frieden halten, damit jeder in seinem Heimatland gut leben kann.

Ich wünsche mir, daß die Politiker mehr gegen Krieg tun und ich versuche, höflicher zu meinen Freunden zu sein.

Saskia Irmscher, 9 Jahre
Wittgensdorf (Sachsen)

Nachrichten aus Bosnien

»Klaus«, ruft die Mutter, »es kommt gleich ein schöner Film!«

»Ja, ich komme.« Klaus ist ein zehnjähriger Bub. Klaus schlendert also durch die Wohnzimmertür und setzt sich neben seine Mutter. Sein Vater sieht gerade einen Bericht über die Kämpfe in Bosnien-Herzegowina.

»Papa, schalt' um! Das interessiert mich nicht.«

»Schau mal genau hin, wie die Menschen dort leben!« Klaus sieht hin. Er sieht, daß die Menschen in halben Häusern leben. In einer Ecke weint eine alte Frau. Gestern ist ihr Enkelkind erschossen worden, sagt der Reporter. Wenn es in den Kaufläden mal etwas zum Essen gibt, dann stehen die Leute in Schlangen davor. Die Kinder dürfen nur noch eine Stunde lang draußen spielen.

Klaus hat ganz große Augen. Die Nachrichten sind aus. Jetzt schauen sie den Film an. Nach eineinhalb Stunden kommen wieder Nachrichten. Vater sagt: »Ich schalte um.«

»Nein«, redet Klaus dazwischen, »ich möchte sie sehen.« Er hofft nämlich, daß die Kämpfe aufhören. Und da ist er nicht der einzige.

Matthias Kneuer, 10 Jahre
Passau (Bayern)

Das lassen wir uns nicht gefallen

Als meine Freundin und ich aus der Schule kamen, gingen wir wie jeden Tag an einer anderen Schule vorbei. Während wir dort standen, öffnete sich eine Tür und ein paar Schülerinnen kamen heraus. Sie steuerten gleich auf meine Freundin Margarete zu und umkreisten sie. Ich lief weg und rief: »Komm!« Doch da war es schon zu spät.

Margarete konnte nicht mehr weglaufen. Die Schülerinnen schüchterten sie ein, indem sie Margarete traten, an ihr herumkratzten und ihr das Haarband vom Kopf zogen und in eine Pfütze warfen. Ich hätte ihr gern geholfen, aber meine Angst vor den älteren Mädchen war zu groß. Zum Glück gingen sie bald in ihre Schule zurück. Verstört kam Margarete zu mir gelaufen.

Auf dem Heimweg erzählte sie mir, daß sie am nächsten Morgen fünf Mark mitbringen sollte. Wenn nicht, würde man sie erneut kräftig verprügeln. Margarete hatte aber kein Geld und ihre Eltern wollte sie nicht bestehlen. Da beschlossen wir, ihren Vater anzusprechen.

Ihr Vater wollte am nächsten Morgen in die Schule gehen und zusammen mit der Klassenlehrerin die Mädchen zur Rede stellen. Wir gingen gemeinsam in die Schule und warteten auf die Lehrerin. Nachdem wir den Vorfall berichtet hatten, holte sie die Mädchen aus dem Klassenraum. Zögernd gaben sie einen Teil der Anschuldigungen zu. Die Lehrerin nahm ihnen das Versprechen ab, uns jüngere Kinder in Zukunft in Ruhe zu lassen.

Wir sind stolz darauf, daß wir uns gegen die Drohungen der Mädchen gewehrt haben. Doch ein ungutes Gefühl ist uns geblieben.

Lena Wenzel, 10 Jahre
Wolfsburg 1 (Niedersachsen)

Warum werden keine Spielplätze gebaut?

Ich finde es unerhört, daß die Skinheads die Ausländerheime mit Steinen bewerfen und anzünden. Auch, daß sie immer die Wände beschmieren mit Sprüchen.

Warum bedrohen sie die kleinen Kinder mit Messern? Bei uns in der Schule gibt es einen Jungen, der in solch einer Gruppe ist. Die Glatzen reden ihn voll, daß er nicht zur Schule gehen soll. Wenn sie sehen, daß er doch geht, kriegt er danach kräftig Prügel.

Ein Junge aus unserer Schule, der in der 4. Klasse ist, aber eigentlich schon in der 5. wäre, bedroht sogar Kinder aus der 2. mit einem Messer. Ich habe auch Angst vor diesen Typen.

Eigentlich könnten die Erwachsenen ja auch Freizeiteinrichtungen oder schöne neue Spielplätze bauen, damit die Kinder nicht immer auf der Straße hocken oder andere Bürger belästigen.

Janita Opitz, 10 Jahre
Rathenow (Brandenburg)

Mein Geburtstagswunsch

Heute habe ich Geburtstag und ich wünsche mir, daß wir leiser miteinander reden und mehr aufeinander hören. So werden wir bessere

Freundinnen finden. Wir wollen weniger drängeln und freundlicher zu denen sein, die wir nicht leiden können. Wir wollen die Sachen von anderen nicht herumwerfen. So wird die Gewalt unter uns und in der Schule weniger.

Agnes Bartnick, 11 Jahre
Buttelstedt (Thüringen)

Die Politik hat einfach versagt

In unserer Klasse haben wir einen wolgadeutschen Jungen. Wir haben uns sogar gewünscht, ihn in unsere Klasse zu bekommen. Das heißt: Es geht auch anders. Beim Thema Ausländer und Gewalt hat die Politik einfach versagt. Die Ausländer müßten Arbeit und eine Wohnung bekommen. Für die sozial Schwachen müßte aber genauso gesorgt werden.

Franziska Preuße, 11 Jahre
Berlin (Berlin)

Advent international

Im letzten Jahr in der Adventszeit haben wir mit unserem »Familienkreis Bodenheim« eine Adventsfeier im Pfarrheim organisiert. Es waren alle Asylanten, die auf dem Schiff in Main wohnen, eingeladen. Viele Familien kamen. Wir hatten Kuchen gebacken, Kaffee gekocht, Fruchtsaft besorgt und ein Zimmer mit Spielen für die Kinder eingerichtet. Die Väter fuhren zum Schiff, um die Familien abzuholen. Als dann alle da waren, tranken wir gemütlich Kaffee. Später gingen die Kinder dann hinaus oder hinein zum Spielen.

Die Jungen gingen fast alle Fußballspielen. Die Erwachsenen saßen am Tisch und erzählten von ihrer Heimat und von ihren Erlebnissen.

Es waren Familien aus Afghanistan, dem Iran, Jugoslawien, Bulgarien und Kurden aus der Türkei. Als es Abend wurde, sangen wir ein paar Lieder auf Englisch, die fast alle verstanden. Dann wurden die Familien »nach Hause« gefahren. Auch mein Vater brachte eine Familie aus der Türkei aufs Schiff. Später wurde er von den Leuten zum Essen eingeladen.

An Silvester rief plötzlich der Betreuer des Schiffes an und sagte, daß das Schiff um Mitternacht von Rechtsradikalen angegriffen werden sollte. Wir bekamen einen riesigen Schreck, denn es gab nur einen einzigen Steg, der aufs Schiff führte. So hatten die Asylanten keine Chance vom Schiff zu kommen, denn sie würden den Randalierern direkt in die Arme laufen. Wir trafen uns mit anderen Familienkreismitgliedern und überlegten, was wir tun könnten.

Wir beschlossen, die Familien vom Schiff, die es wollten, zu uns nach Bodenheim zu nehmen. Die meisten Familien kamen bei Bekannten oder Freunden in Mainz unter. Andere wollten nicht vom Schiff. Zum Glück griffen die Randalierer das Schiff dann doch nicht an.

Auf unserem Pfarrsommerfest in diesem Sommer waren auch wieder Asylanten eingeladen. Einige haben sogar etwas gekocht.

Als ich dann im Fernsehen sah, daß immer mehr Anschläge auf Asylantenheime verübt werden, war ich entsetzt, denn die meisten Asylanten sind sehr, sehr nett! Ich finde es sehr schlimm, daß so viele Leute diese Rechtsradikalen noch unterstützen.

Stefanie Kessel, 11 Jahre
Bodenheim (Rheinland-Pfalz)

Ein Märchen mit Happy-End

An einem Nachmittag ging ein kleines türkisches Mädchen in einen Park und wollte spielen. Auf einmal standen drei Jungen mit Stöcken und Knüppeln vor ihr. Sie sagten immer wieder: »Ausländer raus! Aus länder raus! Haut ab aus unserer Stadt!« Und sie verhauten das kleine Mädchen. Dann gingen sie weg.

Das Mädchen lief weinend und mit Platzwunden nach Hause. Die türkische Mutter ist mit ihrem Kind zur Polizei gegangen. Das Kind hat gesagt, wie die Burschen ausgesehen haben. Und wenige Tage danach hat die Polizei sie gehabt.

Der Polizist fragte die Burschen, warum sie das getan haben. Sie antworteten nur immer: »Die Ausländer haben unsere Eltern arbeitslos gemacht.« Und: »Was suchen die Ausländer hier? Sie sollen da bleiben, wo der Pfeffer wächst.«

»Aber da herrscht Krieg und deswegen müssen sie auswandern«, sagte der Polizist. Zu dem Mädchen sagte er: »Geh' nie wieder allein in den Park.«

Zu den Burschen sagte er: »Verprügelt keine Ausländer. Ihr wißt ja jetzt, warum nicht.« Und sie mußten es versprechen. Und sie taten es nie wieder.

Yvonne Kolbow, 12 Jahre
Wittenberge (Brandenburg)

Gewalt ist Scheiße

Gewalt ist in den meisten Fällen nur Frust. Wenn man das Gefühl hat, man wird nicht mehr gebraucht und den anderen ist alles egal. Man will auch zeigen, daß man stärker als andere ist. Sich gegen Gewalt zu wehren, macht es meistens noch schlimmer. Doch wenn man sich nicht wehrt, kann es noch schlimmer werden. Ich glaube, ich würde mich wehren, in dem ich andere mit auf meine Seite bringe. Mit mehreren kann man auch mehr erreichen.
Ich finde Gewalt Scheiße.

Lena Richter, 11 Jahre
Ascheberg 2 (Nordrhein-Westfalen)

Unter Gewalt verstehe ich nur schreck
liche Sachen. „Gewalt" erweckt in
mir ein schreckliches Grau.
Die allerschlimmste Gewalt
finde ich, sind die Kriege. Es
gibt für mich gefährliche und
nicht so gefährliche Gewalt.
Zum Beispiel in der Schule. Ich
frage mich immer wieder warum
sich die Kinder statt mit tretten,
boxen, beißen, kratzen, hauen
und kneifen nicht mit Worten aus
einander Setzen können.

Katrin Becker, 10 Jahre
Iserlohn 8 (Nordrhein-Westfalen)

Man muß mit den Menschen reden

Leider hat die Welt nicht nur Schönes für uns, sondern auch Schlimmes. Zum Beispiel Gewalt. Das ist für mich ein rücksichtsloses und schädigendes Verhalten, das bestraft werden muß. Oft entsteht Gewalt aus Langeweile, Frust, Ärger oder ähnlichem. Es gibt aber auch

Gewalt, die die aus Geldgier, Not und Dummheit entsteht. So zum Beispiel die grauenhafte Rodung des Regenwaldes. Ich hoffe, daß mit dieser Gewalt im Regenwald Schluß ist, bevor es zu spät ist. Wie soll sonst die zunehmende Gewalt bei den Menschen untereinander erst enden?

Ich selbst setze mich oft für Schwächere oder für zu Unrecht Beschimpfte ein. Das wurde mir schon so manches mal zum Verhängnis. Lehrer zum Beispiel wollen oft nicht zugeben, daß sie Unrecht hatten und dann muß ein Schüler leiden, indem er während der Stunde draußen stehen muß, oder er muß Zusatzhausaufgaben machen. Und so fängt dann beim Schüler die Gewalt an. Er geht vielleicht auf einen andern Schüler los und verprügelt ihn. Ich würde mit dem Lehrer sprechen, wenn er mich zu unrecht bestraft hätte. Man muß, um Gewalt zu verhindern, mit den Menschen reden.

Ellen Körner, 13 Jahre
Schwedt (Brandenburg)

Sie wissen nicht, was sie erwartet

In unserem Dorf sind vor rund zwei Wochen Wolgadeutsche in die ehemalige Grenztruppen-Kaserne eingezogen. In unsere Klasse sind vier wolgadeutsche Kinder gekommen, zwei Mädchen und zwei Jungen. Für die Erwachsenen wurde in unserer Schule ein Zimmer eingerichtet, damit sie Deutsch lernen. Ich beteiligte mich auch daran, das Zimmer einzurichten. Ich wollte mich mit den zwei Mädchen, die in unsere Klasse gekommen sind, anfreunden, aber sie verstehen fast gar kein Deutsch. Einige haben über sie gelacht. Für solche Menschen muß es doch schwierig sein, den Geburtsort zu verlassen, um woanders besser leben zu können. Sie wissen doch nicht, was sie da erwartet. Ungewiß und voller Furcht leben diese Menschen bei uns. Es dauert einige Zeit, bis sie von den übrigen Dorfbewohnern akzeptiert werden.

Jana Meinfelder, 12 Jahre
Veilsdorf (Thüringen)

Die Schönheit des Friedens müssen alle erkennen

Es war am ersten Schultag. Ich war aufgeregt, denn ich kam in eine neue Schule. Als ich das Klassenzimmer betrat, sah ich viele neue Gesichter. Ich suchte mir einen freien Platz und setzte mich hin. Einige Kinder lachten.

»Die lachen über mich«, dachte ich. Plötzlich kam einer auf mich zu. »Ist hier noch frei?« fragte er. »Ja«, antwortete ich. Später kam ein guter Freund von meinem neuen Tischnachbarn. Sie begrüßten sich so, daß man meinte, beide wären Brüder, die sich schon seit Jahren nicht mehr gesehen hatten.

Sie kamen auf mich zu. »Geh weg!« rief mein Nachbar. »Warum?« fragte ich gelassen. Jetzt holte er ein bißchen tiefer Luft. »Weil ich ihn die ganzen Sommerferien über nicht gesehen habe. Und weil wir zusammen sitzen möchten«, schrie er mich an. »Ich war aber zuerst hier«, verteidigte ich mich.

Er sah jetzt wütend aus. Die Klasse war ungewöhnlich ruhig geworden. Unauffällig schauten sie zu uns hin. »Wenn du nicht sofort abhaust, haue ich dir eine runter!« schrie er. »Das wollen wir mal sehen!« rief ich zurück. Er schubste mich zur Seite.

In diesem Augenblick kam die Lehrerin herein. »Also gut, du Blödmann«, schimpfte ich leise, »eins zu null für dich. Aber wir sprechen uns noch.« In der Pause ging ich auf ihn zu. Dann legte ich los. »He, du! Ich möchte mit dir nicht in Feindschaft leben.« «Was will der Idiot von dir?» fragte sein Freund. Er stieß mich zurück und schon fingen wir an zu boxen und zu raufen. Es wollte keiner nachgeben. Aber nach einiger Zeit trennten wir uns doch. Ein paar andere Jungen und Mädchen aus meiner Klasse hinderten mich daran, daß ich noch einmal auf ihn losging. Ich war unsäglich wütend!

Jetzt hatte ich begriffen, daß er einer war, der Antworten mit Fäusten austeilt. Ich habe eine Menge gegen Gewalt. Ich verabscheue sie. Aber ich brauche sie auch, um zu meinem Recht zu kommen.

Man kann Leute überreden, keine Gewalt anzuwenden, indem man sie dazu bringt, gut zu werden. Man sollte sich gegenseitig verstehen, sich helfen und zusammenhalten. Alle Politiker sollten mehr für die Menschen tun und nicht so viel reden. Die Schönheit des Friedens müssen alle Leute erkennen.

Ralph Walter, 11 Jahre
Neumarkt (Bayern)

Es gehören doch alle zusammen

Gewalt ist auch eine Droge. Sie macht abhängig. Sie verschafft einen Rausch. Und sie stellt das normale Denken, und Gefühle wie Nächstenliebe, Verzeihen und Güte auf einen Platz, dessen Erwähnung allein schon zu viel gesagt wäre. Was veranlaßt Menschen, so tief zu sinken? Haß ist ein Grund. Ob nun Ausländer gehaßt werden oder der Nachbar, sogar Kinder werden manchmal gehaßt. Derjenige, der haßt, sollte mal in sich gucken, ob er sich nicht selbst haßt. Das würde er nicht verkraften, so überträgt er den Haß auf andere Personen, die nun weiß Gott keine Schuld an seinen persönlichen Problemen haben. Gewalt braucht nun einmal Sündenböcke. Da kommen die Fremden, die Asylanten, die politisch Verfolgten gerade recht. Skinheads greifen nun zu Schlagstöcken, Messern und nicht selten zu Molotow-Cocktails, um ihre Sprache der Gewalt und des Hasses sprechen zu lassen.

Ich hoffe, daß sich die Menschen mal darüber klar werden, ob sie wirklich Menschen sind, oder sich zum Tier zurückentwickeln wollen. Obwohl die meisten Tiere schlauer zu sein scheinen als die Menschen. Tiere lieben ihren Frieden, den sie nur dann brechen, wenn es wirklich unvermeidlich ist. Und sie besitzen eine Fähigkeit, die bei den Menschen noch immer nicht ausreichend entwickelt ist: Freundschaft, Toleranz und, als wichtigstes, Zusammengehörigkeit – und die nicht nur auf eine Rasse beschränkt. Es gehören doch alle zusammen!

Bettina Bonetto, 14 Jahre
Osterode/Harz (Niedersachsen)
(siehe Bild Seite 8)

Matthias Wilhelm, 11 Jahre
Münchweiler (Rheinland-Pfalz)

Wir sollten mehr über andere Völker lernen

Ich möchte später ein Jahr als Au-pair-Mädchen arbeiten oder sogar ein Schuljahr im Ausland verbringen. Aufgrund der jetzigen Situation beim Umgang mit ausländischen Mitbürgern kommen mir aber immer mehr Zweifel, ob mein Vorhaben überhaupt durchführbar ist, wenn ich dann als Deutsche im Ausland wäre. In meiner ehemaligen Klasse waren Kinder mit unterschiedlichen Nationalitäten und auch Hautfarben. Wir verstanden uns von Anfang an alle prima. Es war uns egal, ob der Junge nun eine ungarische, bulgarische oder polnische Mutter, beziehungsweise einen algerischen oder kongolesischen Vater hatte. Mit dem Verschwinden der DDR und den daraus resultierenden Lebensbedingungen wurden auch in unserer Klasse Stimmen laut, die sich gegen »Ausländer« ganz allgemein richteten. Dabei wurde immer wieder beteuert, daß damit natürlich nicht die Klassenkameraden gemeint seien. Sie waren ja auch für uns keine Ausländer.

Am schlimmsten war es für eine dunkelhäutige Klassenkameradin. Sie fühlte sich nicht mehr sicher auf dem Weg zur Schule. So organisierten wir, daß immer eine Gruppe Mitschüler dieses Mädchen begleitete, besonders in der Straßenbahn. Wir wollten sie beschützen und es hat auch geklappt, aber leider nur für die Zeit des Unterrichts. Als wir eine Klassenfahrt unternehmen wollten, einige Kinder aber aus finanziellen Gründen nicht teilnehmen konnten, legten wir alle unser Geld zusammen und so wurde es eine sehr schöne Fahrt für uns alle.

Ich wünsche mir, daß wir auch im Unterricht etwas mehr über die Bräuche und Sitten anderer Völker erfahren und auch über deren Geschichte und Herkunft. Ich schäme mich, eine Deutsche zu sein.

Kerstin Naumann, 14 Jahre
Leipzig (Sachsen)

Es war einmal ein großer Dschungel, in dem lebten ganz viele Tiere. Z.B. Elefanten, Schlangen, Affen, Tiger, Krokodile und Löwen. Ein paar Kilometer entfernt war ein Dorf, in dem lebten Jäger, die schossen die Tiere mit ihren Gewehren ab. Immer gingen viele Jäger in den Dschungel und jagten die Elefanten und die anderen Tiere. Alle Tiere sprachen miteinander was sie tun sollen. Der Löwe sagte: „Es werden immer weniger Tiere, der Dschungel wird ganz leer sein ohne uns Tieren!" Auf einmal hatte ein Affe eine Idee. Er rief: „Wir können ein paar los schicken, um die Waffen zu klauen und sie zu vernichten. Sie suchten dafür die mutigsten Affen aus. Am nächsten Tag schmissen die Tiere mit Jubelgeschrei alle Waffen ins Wasser. So lebten sie fröhlich bis an ihr Ende.

Miriam Weil, 8 Jahre
Moosinning (Bayern)

Die beiden sind die besten Freundinnen

Bei uns sind zwei jugoslawische Mädchen in der Klasse. Gegen die hat auf der ganzen Schule keiner was. Und der Witz dabei ist: Das eine Mädchen ist aus Serbien, das andere aus Kroatien. Die beiden sind die besten Freundinnen. Aber bei uns Kindern ist das ja meistens so. Wir sehen das nicht so eng, ob das jetzt ein Schwarzer, Weißer, Japaner, Deutscher oder Türke ist. Für uns sind alle gleich. Auch, wenn manche ärmer sind und manche reicher.

Am liebsten hätte ich die ganze Welt so: Alle sind gleich arm oder reich. Aber so wird es wahrscheinlich nie kommen.

Janine Annabell Tebeck, 13 Jahre
Duisburg (Nordrhein-Westfalen)

Meine Großmutter erzählt keine Märchen

Gewalt, ja, sie ist groß. Wir haben das Jahr 1992 und fast ist es mir, als ob es nur noch Gewalt gäbe. Gewalt, dieses Wort geht mir nicht mehr aus dem Sinn. Was ist Gewalt?

Mein Herz wird schwer und im Magen drückt es. Dieses Wort ist so gewaltig. Es liegt auf mir wie eine Last. Heute ist Probealarm. Die Sirenen werden überprüft überall in der Stadt. Sie hören sich drohend an. Ich weiß, wofür diese Sirenen früher, vor vielen Jahren, gebraucht wurden. Ich weiß es aus den Erzählungen meiner Großmutter. Sie sagte: »Was hast du für eine schöne Kindheit. Du kannst spielen, zur Schule gehen ohne Furcht, ohne Gewalt, ohne Angst. Das war bei mir ganz anders...«

Und meine Großmutter fing an zu erzählen: »Damals, im Krieg, war ich 13 Jahre. Genau wie du heute. Es war eine schreckliche Zeit. Alles haben wir verloren, auch unsere Jugendjahre. Es ist kaum zu glauben, daß die Menschen das mitgemacht haben. Die Gewalt beherrschte unser Leben. Die Sirenen warnten uns vor den Angriffen der Flieger, vor den Bomben. Wir rannten um unser Leben und verbrachten viele Stunden im Bunker. Es war eine schreckliche Zeit. Doch heute ist ja Frieden.« Ich konnte kaum glauben, was meine Großmutter so erzählte. Doch die Berichte in Büchern waren keine Märchen.

Nun, fast ein halbes Jahrhundert weiter, können wir es kaum in Worte fassen, und ich habe Angst. Angst vor der Gewalt. Heute lauert die Gewalt an jeder Ecke und Krieg gibt es auch, gar nicht weit weg, in Jugoslawien. Jeden Abend sehen wir es im Fernsehen. Ich kann diese Gewalt nicht fassen. Du sollst deinen Nächsten lieben wie dich selbst. Ein Gebot Gottes. Keiner hält sich daran. Es könnte heißen: Jeder ist sich selbst der Nächste. Das Leben könnte sehr schön sein, wenn es die Gewalt nicht gäbe.

Ich frage: »Mama, warum ist Krieg? Warum streiten sich die Menschen überall auf der Welt?« Meine Mutter antwortet: »Anja, warum zankst du so oft mit deiner Schwester?« Ich erschrecke. Ja, warum zanken wir uns eigentlich? Wir wissen es meistens selbst nicht. Ich will keine Gewalt mehr. Deshalb fangen wir gleich bei uns zu Hause an. Ab heute wollen wir Frieden halten. Ich möchte das Wort Gewalt aus meinen Gedanken streichen.

Wie froh war ich, als die gewaltige Mauer zwischen Ost und West weg war. Wie glücklich, als ich meine Freunde aus dem Osten in die Arme nahm. Doch nun ist die Gewalt im Jahre 1992 bald übermächtig. Ich habe Angst, daß sie gewaltig groß wird. Ich bete für den Frieden.

Anja Christine Winterberg, 13 Jahre
Wuppertal 1 (Nordrhein-Westfalen)

Die Schule der Zukunft?

Die zukünftige Schule stelle ich mir so vor: In den Pausen sieht man mindestens 30 Schüler, die sich kloppen. 22 davon verhauen sich ernsthaft. Manchmal fängt auch einer an zu weinen und es fließt Blut. Sogar am Anfang der Stunde, wenn der Lehrer noch nicht da ist, schlagen sich die Schüler. Meistens ist es so, daß die größeren die kleineren Schüler verdreschen. Die Lehrer haben an dieser Schule nichts mehr zu sagen. Diese Schule ist ein Gewalthaus. Statt Deutschunterricht gibt es Boxunterricht, statt Mathematik Karate. Jeder Schüler hat Waffen. Die Schüler bringen sich wie in den USA gegenseitig um.

In so eine Schule, wie ich sie beschrieben habe, will doch keiner gehen. Hoffentlich denken viele Schüler so wie ich: Daß Schule ein Ort für wirkliche Kinder bleibt!

Tobias Marlie, 13 Jahre
Saerbeck (Nordrhein-Westfalen)

Thomas Kirschner, 9 Jahre
Cumersdorf (Sachsen)

Wem gehört der Himmel in Duisburg?

Manchmal denke ich, die Welt wird untergehen, weil wir Menschen nicht genügend auf sie aufpassen. Es ist so ein schönes Gefühl, den Atlas in der Hand zu halten und zu glauben, diese Erde ist geschützt. Es sind so schöne Farben in diesem Buch. Alles ist grün, die Meere blau und nirgendwo ist ein Durcheinander. Keine Menschen, die sich umbringen, nur weil sie nicht verstehen wollen.

Ich sollte dankbar sein, daß ich sehen, hören und sprechen kann. Aber manchmal fühle ich mich so schlecht, gerade weil ich das Unrecht und die Gewalt sehe, davon höre, darüber rede.

Ich bin eine Ausländerin. Dieses Wort ist nicht gut, weil ich doch in diesem Land lebe und nicht *außen*. Und weil doch die Bäume und der Himmel in Duisburg nicht nur den Deutschen allein gehören. Wenn sie überhaupt jemandem gehören.

Ich weiß nicht, weshalb alles so gekommen ist. Asylantenheime werden angegriffen, Menschen beschimpft und geschlagen, und ich möchte diese Gewalt so gern aufhalten. Als der Golfkrieg anfing, habe ich eine Bohne eingepflanzt, weil ich etwas wachsen sehen wollte, denn es gibt so vieles, was nicht wachsen darf, sondern zerstört wird.

Der Himmel scheint mir manchmal nicht mehr so richtig blau, weil sich die Gewalt in den dunkelsten Farben breitmacht. Ich habe gehört, daß 13- bis 14jährige Kinder einen jüdischen Friedhof zerstört haben. Sie sind so alt wie ich. Vielleicht ist es die Gewalt von den Politikern, die uns Kinder solche Dinge tun läßt, die doch sonst meistens die Erwachsenen tun. Ich weiß es nicht.

Ich will nicht, daß ihr denkt, ich höre jetzt auf, die Welt ein bißchen zu schützen. Denn das ist nicht wahr. Ich werde keine Steine werfen, sondern überlegen und schreiben und mir so Luft machen, wie ich es jetzt tue. Ich bin vielleicht naiv, aber ich glaube trotzdem noch an das Schöne und an den blauen Himmel, auch wenn er grau ist. Ich muß aber bestimmt viel Geduld haben und warten können, denn mit Gewalt krieg ich den Himmel nicht blau.

Songül Özmen, 13 Jahre
Duisburg 11 (Nordrhein-Westfalen)

Die Arbeitskollegin von der Tante meiner Freundin arbeitet in einem Altenheim. Sie kommt aus Sarajevo. Sie ist verheiratet und hat einen 2 jährigen Sohn und die 8jahrige Aida. Die Mutter hat Aida illegal mit nach Deutschland geholt wegen dem Krieg. Der Vater und der kleine Bruder mußten in Sarajevo bleiben, weil der Vater in den Krieg muß. Der kleine Bruder kann hier in Deutschland nicht versorgt werden, weil Aida's Mutter arbeiten muß. Aida hat es hier sehr schwer, sie kennt niemanden und muß erst deutsch lernen.
Meine Schwester und ich haben eine ganze Menge Spielsachen ausgesucht und Aida geschenkt. Die Mutter hat ihr morgens die Spielsachen gegeben. Am Nachmittag schaute sie nach ihr. Immer noch saß Aida im Schlafanzug mitten in den Spielsachen, sie hatte sich sehr gefreut. Wenn die Erwachsenen sich so wie wir Kinder verhalten würden...

Ich glaube, dann gäbe es keinen Krieg und alle könnten friedlich miteiander leben. Und vieleicht sieht Aida dann ihren Papa und ihren Bruder bald wieder.

Das wünsche ich ihr ganz besonders.

Ute Goebels, 10 Jahre
Meerbusch (Nordrhein-Westfalen)

Ich möchte friedlich leben,
Ich möchte nicht geärgert werden
in der Schule oder Beim dräußen
Spielen,
Ich ärger niemanden,
Ich bin kein Tierkuäler,
Ich will keine schlechten Nach-
richten sondern gute Nach
richten,
Ich möchte das die Asylanten
nicht geärgert werden,
Ich bin in Braunschweig geboren
Wohne in Wolfsburg Niedersachsen,
Ich möchte das die ganze Welt
friedlich lebt.

Hüsnü Özer, 9 Jahre
Wolfsburg (Niedersachsen)

Die Gewalt soll endlich aufhören!

Oft gucke ich Nachrichten im Fernsehen: Anschläge auf Asylwohnheime in Deutschland, die Vertreibung der Kurden aus der Türkei, Gewalt in Somalia, der schmutzige Krieg auf dem Balkan …

Ich frage mich, wie kann sowas bloß passieren im 20. Jahrhundert? Wo sind die klugen und zivilisierten Menschen, die das verhindern?

Wie kann das sein: Ein Volk stirbt vor Hunger und Elend und einige leben in Saus und Braus?

Warum lernen die Menschen nicht, zu teilen mit denen, die nichts haben?

Politiker und manche andere sagen oft: »Die Menschenwürde ist unantastbar.« Das sind nur leere Wörter. Die Natur wird zerstört aus Habgier. Arme Völker haben nicht das Notwendigste.

Ich appelliere an alle: Baut Brunnen! Pflanzt Wälder (statt Panzer und Raketen) in der Dritten Welt! So daß Menschen überleben und Hoffnung im Leben haben! Verhindert Randale und Greueltaten und übt Nächstenliebe aus. Und tun Sie das bitte jetzt, sonst ist es zu spät. Die Gewalt soll endlich aufhören!

Antonio Avramides, 12 Jahre
Wilhelmshaven (Niedersachsen)

Autorenverzeichnis

Regina Rusch (geb. 1945), Kinderbuchautorin und Journalistin, lebt in Frankfurt am Main. Im Eichborn-Verlag veröffentlichte sie 1992 als Herausgeberin: »Plötzlich ist alles ganz anders – Kinder schreiben über unser Land«.